...STRATION FRANÇAISE

...des manuels à l'usage du public

GUIDE

A LA

PRÉFECTURE DE POLICE

PAR

UN FONCTIONNAIRE DE LA PRÉFECTURE

Prix : Un franc.

PARIS

C. MARPON ET E. FLAMMARION

ÉDITEURS

26, Rue Racine, près l'Odéon.

RECETTES DE MÉDECINE PRATIQUE

I

POUR LA GUÉRISON

de l'Anémie, de la Chlorose, des Pertes blanches

Pour fortifier les tempéraments faibles, rétablir les forces épuisées par la croissance, la maladie, les excès, pour favoriser l'évolution des jeunes filles.

Faire usage des véritables Pilules de Vallet (*préparation approuvée par l'Académie de Médecine*).

NOTA. — Les véritables pilules de Vallet ne sont pas **argentées.** Le nom Vallet est imprimé en noir sur chaque pilule blanche.

II

Les meilleurs dépuratifs du sang sont les purgatifs.

La nature nous indique elle-même par quelle voie il convient de chasser du corps les impuretés qui s'y produisent et qui s'accumulent si facilement. Le purgatif le plus commode et le plus agréable est la *Poudre de Rogé* au citrate de magnésie.

Avec un flacon de cette poudre dans la valeur d'un demi litre d'eau fraîche ou tiède, on prépare une limonade purgative d'un goût délicieux et très rafraîchissante. Si l'on veut que la limonade soit *gazeuse*, il suffit de boucher la bouteille dans laquelle on a mis fondre la poudre.

La poudre de Rogé est incapable de nuire, l'usage répété, s'il y a lieu, de cette médecine est un moyen sûr de nettoyer avec douceur le canal digestif, et de faire disparaître la *constipation* et les désordres nombreux qui en sont la conséquence.

Après ce lavage de l'estomac et des intestins, la tête se trouve dégagée et l'on évite ainsi les migraines, les vertiges, étourdissements, congestions et malaises nerveux qui suivent les digestions laborieuses. Ne pas confondre ce médicament avec d'autres dont le nom a quelque ressemblance avec celui de Rogé. Il importe que le public soit mis en garde contre une confusion de noms qu'il serait regrettable de favoriser.

La poudre de Rogé a reçu l'approbation de l'Académie de médecine de Paris; c'est là un signe, à défaut d'autres, qui imprime caractère.

DÉPOT A PARIS :

Pharmacie ROGÉ, 9, rue du Quatre-Septembre

Et dans la plupart des Pharmacies.

GUIDE

À

LA PRÉFECTURE DE POLICE

L'ADMINISTRATION FRANÇAISE *H. C.*

Collection de guides manuels à l'usage du public

GUIDE

A LA

PRÉFECTURE DE POLICE

PAR

UN FONCTIONNAIRE DE LA PRÉFECTURE

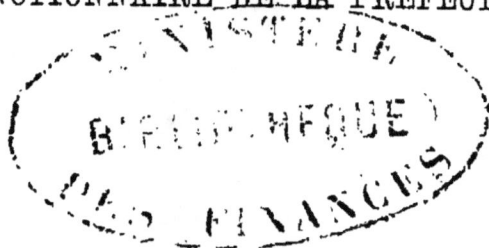

PARIS

C. MARPON ET E. FLAMMARION

ÉDITEURS

26, Rue Racine, près l'Odéon.

AU PUBLIC

Les différents ouvrages qui ont paru jusqu'à ce jour sous le titre de MANUEL DE POLICE, DICTIONNAIRE DE POLICE, *etc., ont été faits exclusivement à l'usage des fonctionnaires de l'ordre administratif et judiciaire à qui ils enseignent leurs devoirs et la façon de remplir leurs missions souvent fort délicates.*

Aucun de ces livres n'a été spécialement conçu dans le but de renseigner le public sur ses droits, sur ses devoirs, et de lui apprendre les démarches à faire, les formalités à remplir, dans les cas multiples où l'intervention de la Préfecture de police doit être réclamée.

C'est cette lacune que nous nous sommes proposé de combler en rédigeant le présent Manuel.

AVANT-PROPOS

Aux termes de la loi, le préfet de police est chargé d'assurer la sécurité des citoyens contre les fauteurs de désordre, les malfaiteurs, et de prendre les mesures propres à garantir la population contre tout ce qui peut troubler les conditions nécessaires de la vie commune ; il doit, à ce dernier point de vue, assurer la liberté de la circulation, celle des transactions, surveiller les lieux publics et veiller à la fidélité dans le débit des marchandises.

Depuis 1859 le préfet de police n'a plus à s'occuper de la petite voirie, de l'éclairage, du balayage, de l'arrosage de la voie publique, de l'enlèvement des neiges, glaces et boues, du curage des égouts et des fosses d'aisances, des permissions pour établissements sur les rivières, ni du tarif, de l'assiette et de la perception des droits municipaux dans les halles et marchés. Ces attributions sont dévolues au préfet de la Seine.

La juridiction du préfet de police s'étend à tout le département de la Seine et aux communes suivantes du département de Seine-et-Oise : Meudon, Sèvres, Saint-Cloud, Enghien-les-Bains.

L'organisation intérieure de la Préfecture de police répond aux trois ordres de fonctions qui, ainsi que nous l'avons dit, constituent l'ensemble de la police.

Le cabinet du préfet a comme attributions la police générale. Il comprend trois bureaux qui ont pour objets la sûreté du Président de la République, le commerce des armes, les associations diverses, les mesures d'ordre dans les cérémonies publiques, les théâtres, bals, concerts, la police militaire, etc.

La police judiciaire est assurée par *la première division* qui comprend cinq bureaux. Cette division est en rapports constants avec les parquets de la Seine et des départements ; elle a également dans ses attributions le service des prisons de la Seine, celui des aliénés et la protection des enfants du premier âge.

Enfin la police administrative est attribuée à *la deuxième division* dont les quatre bureaux embrassent tout ce qui concerne les subsistances, la navigation, le service des voitures, la fourrière, les sapeurs-pompiers, l'hygiène publique et l'exécution de la loi sur les enfants et les filles mineures employés dans l'industrie.

Les services chargés d'assurer l'administration

intérieure de la Préfecture de police elle-même, c'est-à-dire le personnel, la comptabilité, le matériel, la caisse et les archives, sont rattachés directement au *secrétariat général*.

A côté de ces divisions est placée *la police municipale* qui comprend tous les agents chargés d'assurer le service de la voie publique.

Les bureaux de la Préfecture de police sont installés depuis 1871 dans la caserne de la Cité, quai du Marché-Neuf, à l'exception des deuxième et quatrième bureaux de la première division qui sont situés dans les bâtiments annexes du Palais de Justice, quai des Orfèvres, 36.

Ces bureaux sont ouverts au public de 10 heures du matin à 5 heures de relevée.

Le préfet de police a les bureaux de son cabinet dans son hôtel, boulevard du Palais, 7.

GUIDE

A

LA PRÉFECTURE DE POLICE

Acrobates. — Les entrepreneurs de spectacles ou de cafés-concerts ne peuvent faire exécuter d'exercices d'équilibre, de force ou d'agilité sans une autorisation spéciale de la Préfecture de police (cabinet du préfet — deuxième bureau). Il leur est également interdit de mêler, sans une autorisation préalable, les enfants de moins de seize ans aux exercices dont il s'agit.

Actes de dévoûment. — Les récompenses accordées aux actes de dévoûment sont de deux sortes: les gratifications pécuniaires, les médailles commémoratives. — Les *gratifications* sont accordées par les préfets; elles ne peuvent dépasser cent francs. — Les *médailles commémoratives* sont accordées par le ministre de l'intérieur sur la proposition des préfets. — Il y a acte de courage et dévoûment lorsqu'une personne, pour en retirer une autre d'un péril imminent ou pour prévenir un accident qui pourrait avoir des conséquences graves, expose sciemment et volontairement sa propre existence. Dans le ressort de la Préfecture de police, les enquêtes à ce sujet sont faites par les soins du bureau du personnel (secrétariat général).

Aérostats. — On ne peut enlever d'aérostats dans le ressort de la Préfecture de police, sans une permission spéciale. S'adresser au deuxième bureau du cabinet.

Affiches. — Les affiches apposées par les particuliers sont assujetties au timbre de dimension. La couleur blanche est exclusivement réservée aux affiches de l'autorité. — Il est défendu de faire circuler ou stationner sur la voie publique des voitures sur lesquelles se trouveraient des affiches ou avis contenant des annonces de commerce ou d'industrie, et de circuler ou stationner sur la voie publique avec des écriteaux, poteaux ou appareils quelconques sur lesquels se trouveraient apposés des écrits imprimés ou des inscriptions peintes. Toutefois, par exception, le préfet de police se réserve d'accorder des autorisations spéciales pour la circulation et le stationnement des voitures-annonces ou des porteurs d'affiches, dans les cas où il n'y aurait aucun inconvénient pour la liberté et la sûreté de la voie publique. S'adresser pour ces sortes de permissions au deuxième bureau du cabinet.

Agents. — Voir : GARDIENS DE LA PAIX, INSPECTEURS DE POLICE.

Aliénés. — Toutes les questions relatives aux aliénés domiciliés dans le ressort de la Préfecture de police sont examinées par le cinquième bureau de la première division : enquêtes sur les personnes signalées comme atteintes d'aliénation mentale, mesures à prendre à leur égard ; — examen au point de vue mental des personnes amenées à l'infirmerie spéciale près la Préfecture de police ; — transfèrement des malades à Sainte-Anne, à Charenton ou dans les asiles privés du département de la Seine.

Analyse des boissons et denrées alimentaires. — Voir : LABORATOIRE MUNICIPAL DE CHIMIE.

Animaux élevés dans Paris, à l'intérieur des habitations. — Il est interdit d'élever dans Paris, sans autorisation, des porcs ou autres animaux, tels que boucs, chèvres, lapins, pigeons, poules et autres oiseaux de basse-cour qui peuvent être une cause d'insalubrité ou d'incommodité. Toute demande en autorisation d'avoir, dans les dépendances d'une habitation, un ou plusieurs des animaux indiqués ci-dessus, doit être adressée au préfet de police. La permission n'est délivrée qu'après visite des lieux et rapport constatant qu'il ne peut en résulter aucun inconvénient pour le voisinage. L'examen des demandes dont il s'agit est fait par le quatrième bureau de la deuxième division.

Annonces. — Voir : AFFICHES.

Appareils à vapeur. — Toute chaudière à vapeur destinée à être employée à demeure ne peut être mise en service qu'après une déclaration adressée par celui qui fait usage du générateur, au préfet du département (le préfet de police à Paris). Cette déclaration est enregistrée à la date : il en est donné acte. On doit y indiquer : 1° le nom et le domicile du vendeur de la chaudière, ou l'origine de celle-ci ; — 2° le lieu où elle est établie ; — 3° la forme, la capacité et la surface de chauffe ; — 4° le numéro du timbre réglementaire ; — 5° un numéro distinctif de la chaudière si l'établissement en possède plusieurs ; — 6° enfin le genre d'industrie et l'usage auquel elle est destinée. — L'ingénieur en chef des mines chargé de la surveillance des machines à vapeur, est averti sans délai par l'administration et il est aussitôt procédé aux épreuves réglementaires. — Les chaudières locomobiles, celles des machines de chemins de fer, de tramways, les machines routières, les rouleaux compresseurs, ainsi que les récipients d'une capacité de plus de cent litres au moyen desquels les matières à élaborer sont chauffées par la vapeur, sont assujettis à la déclaration. — Deuxième division, quatrième bureau.

Appareils à vapeur à bord des bateaux. — Voir : BA-
TEAUX A VAPEUR.

Architectes de la Préfecture de police. — Deuxième division, deuxième bureau. — Le service des architectes
attachés à la Préfecture de police est chargé de la surveillance des monuments publics, de l'examen des
demandes pour établissements classés comme dangereux, incommodes ou insalubres, de la surveillance de
la voie publique sous le double rapport de la circulation et de la salubrité (excavations, barrières, clôtures
de terrains, dépôts de matériaux ou d'immondices, etc.) ;
de la surveillance des bâtiments au point de vue de
l'incendie (constructions vicieuses, défauts de p'aques) ;
de la surveillance des murs de face, soit des maisons,
soit des terrains, dans l'intérêt de la sûreté de la circulation (échafaudages, murs à réparer, etc.); de la visite
des établissements publics ordonnée par la Préfecture
de police (théâtres, cafés-concerts, etc.), des rapports sur
l'établissement des bains froids, etc. ; de la surveillance
des bâtiments dans les halles et marchés; de l'examen
de toutes les questions relatives aux constructions,
à la circulation, à la salubrité et aux arts industriels, qui peuvent intéresser les services de la Préfecture de police.

Conditions d'admission : avoir plus de vingt-cinq
ans et moins de trente ans. Avoir suivi les cours d'une
école d'architecture de l'Etat ou des départements. Les
nominations sont faites au concours. — Traitement
annuel : 1800 francs.

Armes et munitions de guerre. — Toute personne qui
veut se livrer, pour son compte, à la fabrication ou au
commerce des armes ou des pièces d'armes de guerre,
doit en faire la demande au préfet du département (au
préfet de police pour Paris et la banlieue). Cette demande doit indiquer ses nom, prénoms et domicile;
l'endroit où sera installé l'établissement; l'espèce d'ar-

mes (armes à feu ou armes blanches) qui seront fabri-
quées ou mises en vente. Elle est transmise par le préfet, avec avis, au ministre de la Guerre qui prend la
décision. Les armes de guerre sont soumises au poinçonnage d'inspecteurs nommés par le ministre de la Guerre.
— La fabrication et la vente des munitions de guerre
sont soumises aux mêmes formalités. — Les armes et
les pièces d'armes de guerre, ainsi que les munitions
de guerre, ne peuvent sortir des établissements autorisés
ni circuler sur le territoire français, sans que au préalable la déclaration en ait été faite, par écrit, au préfet,
huit jours avant le départ des dites armes et munitions.
— Premier bureau du cabinet.

Artifices (*Pièces d'*). — Les artificiers chargés de tirer
des feux d'artifices à l'occasion des fêtes publiques doivent faire connaître trois jours à l'avance, à Paris au
préfet de police, et dans les communes rurales aux
maires, l'emplacement des feux d'artifices qu'ils doivent tirer, afin que l'on puisse désigner les distances
auxquelles seront placées les barrières destinées à
garantir le public, et prescrire toutes autres mesures
qui seraient jugées nécessaires. — Toute personne qui
veut tirer un feu d'artifice est tenue d'en faire la déclaration vingt-quatre heures à l'avance, à Paris aux commissaires de police, et dans les communes rurales aux
maires. Ces fonctionnaires peuvent s'y opposer si, après
l'examen des lieux, ils reconnaissent qu'il peut en
résulter du danger. — Il est défendu de tirer des armes
à feu, pétards, fusées et pièces d'artifices quelconques
sur la voie publique et dans l'intérieur des maisons.
— Les artificiers peuvent *seuls* vendre et débiter des
pièces d'artifices quelconques, même celles de la plus
petite dimension.

Armes prohibées. — Sont interdits le commerce, la
vente, le débit, l'achat, le port et l'usage de poignards,
stylets, tromblons, couteaux-poignards, pistolets de

poche, épées en bâtons, bâtons à ferrements autres que ceux qui sont ferrés par le bout, et en général de toute arme qui ne peut être portée d'une façon apparente. Les fusils et pistolets à vent sont prohibés, ainsi que les revolvers au-dessous de 150 millimètres.

Asiles d'aliénés et maisons de santé. — Toute personne qui veut établir un asile d'aliénés ou une maison de santé, doit indiquer dans sa demande au préfet de police le nombre de pensionnaires que l'établissement peut contenir; ce nombre est mentionné dans la permission et ne peut être excédé, à moins qu'il ne soit justifié de nouvelles constructions et d'une extension suffisante donnée aux locaux. — Les maisons de santé destinées au traitement des aliénés doivent toujours être dirigées par un docteur en médecine qui est tenu d'y résider, et qui doit y réunir tous les appareils et ustensiles nécessaires au traitement des malades. Les enquêtes relatives à l'établissement des dits asiles sont faites par le cinquième bureau de la première division.

Assauts d'armes publics. — Ne peuvent avoir lieu dans le ressort de la Préfecture de police sans l'autorisation du préfet. S'adresser au deuxième bureau du cabinet.

Associations et réunions (*politiques on non*). — Nulle association de plus de vingt personnes dont le but est de se réunir tous les jours, ou à certains jours marqués, pour s'occuper d'objets religieux, littéraires, politiques ou autres, ne peut se former qu'avec l'agrément du gouvernement et sous les conditions qu'il plaît à l'autorité d'imposer à la société. — Dans le ressort de la Préfecture de police, les demandes d'autorisation doivent être adressées au préfet avec un exemplaire des statuts de l'association qui désire se former, le nom et l'adresse des membres fondateurs. Ces demandes sont examinées dans les bureaux du cabinet du préfet. — Les réunions publiques non politiques, c'est-à-dire dont l'objet est de traiter de matières autres que les matières religieuses ou politiques, peuvent avoir lieu sans autorisation préalable. Toutefois, chaque réunion doit être précédée d'une déclaration : 1º signée par sept personnes domiciliées dans la commune où elle doit avoir lieu et jouissant de leurs droits civils et politiques ; 2º indiquant les noms, qualités et domiciles des déclarants, le local, le jour et l'heure de la séance, ainsi que l'objet de la réunion. Cette déclaration doit être faite au deuxième bureau du cabinet. Il est donné immédiatement un récépissé qui doit être représenté à toute réquisition des agents de l'autorité. La réunion ne peut avoir lieu que trois jours francs après la délivrance du récépissé.

Aubergistes. — Voir : GARNIS.

Autopsies. — Dans le ressort de la Préfecture de police, il est défendu de procéder à l'autopsie d'un cadavre avant qu'il se soit écoulé un délai de 24 heures depuis la déclaration du décès à la mairie, et sans qu'il ait été adressé une déclaration préalable au commissaire de police du quartier. La déclaration doit indiquer que l'opération est autorisée par la famille, et faire connaître en outre l'heure du décès, ainsi que le lieu et l'heure de l'opération.

Bacs. — Voir : LOUEURS DE BATEAUX.

Bachotage, canotage. — Les embarcations, autres que les bateaux de commerce, employées à naviguer sur les cours d'eau publics du ressort de la Préfecture de police, ne peuvent y stationner ou y circuler qu'en vertu de permis délivrés au nom du préfet de police par l'inspecteur général de la navigation et des ports. Elles portent chacune un numéro d'ordre qui est indiqué dans les permis et inscrits sur les registres de l'inspection générale de la navigation. Les embarcations soumises ainsi à l'inscription sont de deux sortes : *la première série* comprend les embarcations de plaisance et de courses manœuvrées à la voile ou à l'aviron. Chacune de ces embarcations garant à flot, porte sa devise sur le

tableau d'arrière, en caractères lisibles à distance, et le
numéro de son permis sur une plaque de cuivre ovale
de sept centimètres de largeur sur quatre centimètres
de hauteur. Cette plaque, qui est fixée au moyen de
deux vis, doit être posée : sur les embarcations pontées,
à l'arrière, dans l'axe du pontage, près du gouvernail; sur
les embarcations non pontées, à l'avant, sur le taquet
d'étrave, à la réunion des deux bordages. La devise de
chaque embarcation est mentionnée dans le permis de
stationnement, et elle ne peut être changée ou modifiée
sans qu'il en soit donné avis immédiatement à l'inspecteur général de la navigation. Les embarcations de la
même série garant à sec sont dispensées de l'inscription
de leur devise; mais elles portent la plaque numérotée
qui doit être de même forme et de même dimension que
celle dont il vient d'être parlé, savoir : les yoles-gigs et
toutes les embarcations non pontées, sur le taquet
d'étrave, à la réunion des deux bordages; les outt-rig-
gers, périssoires et autres embarcations pontées, en toile
ou en bois, à plat sur le pontage en avant de l'illoire. —
La deuxième série comprend les embarcations destinées
à la pêche, au passage du public d'une rive à l'autre,
aux promenades et baignades, au service des établissements en rivière, des bateaux à vapeur et des toueurs,
à la manœuvre des bateaux de commerce ou à l'extrac-
tion du sable. Elles portent le numéro de leur permis
sur chacun des côtés extérieurs de l'avant, au-dessus de
la ligne de flottaison. Ce numéro est peint en chiffres
arabes de couleur noire, d'une hauteur de dix centimètres et de quinze millimètres de plein, sur écusson blanc
de forme ovale, ayant douze centimètres de hauteur sur
vingt-cinq centimètres de largeur. — Toute personne
qui doit se munir d'un permis pour faire stationner ou
circuler une embarcation dans le ressort de la Préfecture de police doit se présenter au bureau de l'inspecteur particulier de navigation le plus voisin du lieu où

l'embarcation stationne habituellement, pour justifier
de la propriété de cette embarcation, et produire : un
certificat d'identité délivré par le commissaire de police
du quartier de son domicile; un certificat de prud'-
homme de la navigation, attestant sa capacité de manœuvrer une embarcation. L'inspecteur particulier de
navigation remet, s'il y a lieu, au pétitionnaire un bon
pour l'obtention du permis qui est délivré dans les
bureaux de l'inspection générale de la navigation. —
Les permis ne sont accordés que pour les embarcations
dont le bon état a été constaté; ils indiquent le lieu habi-
tuel de stationnement des embarcations. Ces permis sont
personnels et ne peuvent être transférés avec la propriété des embarcations. Ils ne sont valables que pour
un an et doivent être renouvelés du 1ᵉʳ au 31 janvier de
chaque année. En cas de vente, perte, destruction ou
de changement du lieu de stationnement d'une embarcation, le propriétaire doit en faire immédiatement la
déclaration.

— Les propriétaires d'embarcations étrangères au
département de la Seine, ayant une devise particulière,
qui auraient l'intention de faire stationner temporairement ces embarcations dans le ressort de la Préfecture
de police, sont tenus d'en faire la déclaration dans les
vingt-quatre heures de leur arrivée, à l'inspecteur général de la navigation. Sur le vu des pièces établissant
leur identité et leur qualité de propriétaires des embarcations, telles que : actes d'acquisition, rôles d'équi-
pages et autres papiers de bord, il leur est délivré des
permis de stationnement temporaire avec dispense d'inscrire les numéros sur les embarcations. — Voir les
articles : NAVIGATION, LOUEURS DE BATEAUX, RÉ-
GATES.

Baignades. — A Paris, les baignades dites *pleine-eau*
sont absolument interdites. Les baignades en pleine-
eau hors Paris ne peuvent avoir lieu qu'après autorisa-

tion du préfet de police, et sous la conduite des mari-
niers permissionnés à cet effet.

Bains chauds. — Les établissements de bains chauds
et médicinaux doivent avoir le générateur et les chaudières installés dans un local spécial fermé par des
murs en maçonnerie et placé à une distance suffisante
des locaux affectés aux baigneurs. — Les cabines doivent s'ouvrir à l'intérieur aussi bien qu'à l'extérieur. —
Les robinets doivent se refermer automatiquement;
ceux dits cols de cygne sont interdits. — Les cabines
doivent avoir au moins 9 mètres cubes de capacité. Il y
sera établi un vasistas pouvant s'ouvrir à soufflet et
que le baigneur pourra faire fonctionner de sa place. —
Les bains hydrosulfurés sont donnés dans des cabines
spéciales, et les eaux ne sont rejetées de l'établissement
qu'après avoir été désinfectées. Pour assurer l'exécution
de cette mesure les baignoires doivent être disposées
de manière que le baigneur ne puisse vider l'eau lui-
même. — Les étuves du bain de vapeur doivent avoir
une capacité de 10 mètres cubes au moins par personne
et ne jamais être construites en bois. Leurs parois seront
en matières moins conductrices de la chaleur : plâtre,
ciment, marbre ou stuc. Elles doivent être éclairées par
le haut; des vasistas y sont établis, permettant une
ventilation rapide. Les robinets de vapeur ne sont jamais
à la disposition des baigneurs.

Bains froids. — Les établissements de bains froids, ou
écoles de natation, ne peuvent être ouverts dans le ressort de la Préfecture qu'après avis de l'inspecteur général de la navigation et des ports. Le *préfet de la Seine*
statue.

Bals. — Toutes personnes donnant dans le ressort de
la Préfecture de police des bals, concerts, danses, banquets et fêtes publiques où l'on est admis indistincte-
ment, soit à prix d'argent, soit par souscription ou par
cachets, billets, abonnement ou par tout autre mode qui

donnerait à ces réunions un caractère public, doit au
préalable en obtenir l'autorisation du préfet de police.
Cette autorisation fixe les jours où les réunions ont
lieu ; elle est personnelle et non transmissible. Elle
n'est accordée que sur une demande écrite des pétition-
naires indiquant les localités où ces sortes de réunions
se formeront, et qu'après avis du maire au commissaire
de police sur la moralité des impétrants, les garanties
qu'ils offrent, ainsi que sur la convenance des locaux
destinés aux dites réunions et les motifs qui donneront
lieu à des concerts, bals, banquets et autres fêtes
publiques. — Les permissionnaires doivent s'engager à
payer le droit des pauvres et à entretenir à leurs frais
une garde suffisante pour le maintien du bon ordre et de
la tranquillité pendant la durée desdites réunions. —
Deuxième bureau du cabinet.

Bannes. — Aucune banne ne doit, dans sa partie la
plus basse, avoir moins de 2^m,50 d'élévation au-dessus
du sol. Il est interdit d'y attacher des cordes fixées au
sol ou garnies de poids pour les retenir. L'adjonction de
joues ou de lambrequins n'est autorisée qu'autant que
les localités le permettent et dans des dimensions dé-
terminées par l'autorité. — Deuxième bureau, deuxième
division.

Banquets. — Voir : BALS.

Barrage de la voie publique. — Dans les cas où il est
indispensable pour certains travaux d'interdire momen-
tanément la circulation sur différents points de la voie
publique, l'autorisation doit en être obtenue du préfet
de police par les particuliers ou leurs entrepreneurs.
Nonobstant cette autorisation, le commissaire de police
doit être averti avant l'établissement du barrage. —
Deuxième division, deuxième bureau.

Barrières *au-devant des maisons en construction, en
démolition ou en réparation.* — Doivent être établies
en charpente et planches jointives ayant au moins 2^m,25

de hauteur, porter sur un écriteau le nom et l'adresse de l'entrepreneur chargé des travaux, et être éclairées aux frais des propriétaires et entrepreneurs.

Bateaux à lessive. — Ne peuvent être établis dans le département de la Seine, sans l'avis de l'inspecteur général de la navigation. — Adresser les demandes au *préfet de la Seine* qui statue.

Bateaux à vapeur. — Aucun bateau à vapeur ne peut naviguer sur les fleuves et rivières, sans un permis de navigation délivré par le préfet du département où se trouve le point de départ du bateau. Dans sa demande, le propriétaire fait connaître 1° le nom du bateau; 2° ses principales dimensions, son tirant d'eau à vide et sa charge maxima exprimée en tonneaux de 1000 kilogrammes; 3° la force de l'appareil moteur exprimée en chevaux; 4° la pression, évaluée en nombre d'atmosphères, sous laquelle ce moteur fonctionnera; 5° la forme de la chaudière; 6° le service auquel le bateau sera destiné; 7° le nombre maximum des passagers qui pourront y être reçus. Un dessin géométrique de la chaudière sera joint à la demande. — Aucune machine à vapeur destinée au service de la navigation ne peut être livrée par un fabricant, si elle n'a été approuvée par les soins de la commission de surveillance des machines à vapeur. Les épreuves sont faites à la fabrique, par ordre du préfet, sur la déclaration du fabricant. — Les machines venant de l'étranger doivent être soumises aux mêmes épreuves que les machines d'origine française. Ces épreuves sont faites au lieu désigné par le destinataire dans la déclaration qu'il doit faire à l'importation. — Il y a toujours à bord de chaque bateau à vapeur destiné à recevoir des passagers : 1° un capitaine; 2° des hommes d'équipage en nombre suffisant; 3° un mécanicien; 4° un ou plusieurs chauffeurs. Les capitaines et mécaniciens des bateaux à vapeur doivent être agréés par l'administration. A cet effet, ils sont tenus de se présenter devant la commission de surveillance qui s'assure de leurs capacités et propose leur admission s'il y a lieu. — Deuxième division, premier bureau.

Bateleurs. — Voir : SALTIMBANQUES.

Bestiaux atteints de maladies contagieuses. — Tout propriétaire, détenteur ou gardien de bestiaux atteints ou présentant des symptômes de maladies contagieuses, est tenu d'en faire la déclaration, savoir : dans les communes rurales de la Préfecture de police, devant le maire, et à Paris, devant le commissaire de police.

Billards publics. — La tenue d'un billard est assujettie à une autorisation *spéciale*, indépendante de la déclaration imposée aux débitants de boissons. Cette autorisation est délivrée à Paris par la Préfecture de police, premier bureau, deuxième division.

Bois de chauffage (*Sciage sur la voie publique*). — Le sciage du bois de chauffage sur la voie publique n'est toléré que lorsqu'il présente des difficultés dans l'intérieur des maisons et pour 2 stères seulement. Dans ce cas, les scieurs se placent le plus près possible des maisons, afin de ne pas gêner la circulation. Le bois est rentré au fur et à mesure du sciage. Voir : CHARGEMENT ET DÉCHARGEMENT DES VOITURES SUR LA VOIE PUBLIQUE.

Boissons (*Expertise des*). — Des vins sont prélevés tous les jours, dans chaque quartier, chez cinq débitants désignés par l'administration. Des experts dépendant de l'administration et ignorant la provenance du vin qui leur est soumis le dégustent et font connaître leur appréciation par un rapport spécial qui est remis au bureau compétent, premier bureau, deuxième division. En cas de falsification, le délinquant est déféré au tribunal de police correctionnelle. Le laboratoire de chimie est le complément de la dégustation des boissons. Quelle que soit, en effet, l'habileté des experts, il est des fraudes qui leur échappent et dont l'analyse chimique seule peut déterminer la nature.

Bornes, marches et bancs sur trottoir. — Il est défendu d'en établir en saillie sur les trottoirs. L'administration tolère les marches qui ne peuvent être rentrées dans l'intérieur des propriétés, mais à la charge d'en arrondir les angles ou de les tailler en pans coupés.

Boucherie (*Entrée à Paris des viandes à soumettre à l'inspection de la*). — L'entrée à Paris des viandes à soumettre à l'inspection de la boucherie ne peut se faire que par les portes et aux heures ci-après :.

. Porte de Saint-Cloud : de quatre heures à onze heures, du 1er avril au 30 septembre; — de cinq heures à onze heures, du 1er octobre au 31 mars. — Porte des Ternes : de quatre heures à onze heures, toute l'année. — Porte de Clichy : de quatre heures à onze heures, du 1er avril au 30 septembre; — de cinq heures à onze heures, du 1er octobre au 31 mars. — Porte de La Villette : de quatre heures à onze heures, du 1er avril au 30 septembre; — de cinq heures à onze heures, du 1er octobre au 31 mars. — Porte de Vincennes : de quatre heures à onze heures, toute l'année. — Porte de Charenton : de quatre heures à onze heures, du 1er avril au 30 septembre; — de cinq heures à onze heures, du 1er octobre au 31 mars. — Porte d'Orléans : de quatre heures à onze heures, du 1er avril au 30 septembre; — de cinq heures à onze heures, du 1er octobre au 31 mars, — Porte d'Italie : de quatre heures à onze heures, toute l'année.

Boucherie (*Inspecteurs de la*). — Les candidats sont nommés au concours; le traitement annuel varie de 3.000 à 4.000 francs. L'époque du concours est annoncée par la voie de la presse. Conditions : se faire inscrire au bureau du personnel de la Préfecture de police; avoir moins de cinquante ans; produire : 1° un extrait de casier judiciaire; 2° un diplôme de vétérinaire; 3° des pièces établissant la situation militaire de l'impétrant. L'examen comprend deux parties : 1° *épreuve écrite :* une étude sur les maladies qui sont susceptibles d'altérer les viandes de la boucherie ; un procès-verbal de constatation ; — 2° *épreuve pratique :* examen des viandes insalubres et détermination des causes des saisies ; examen microscopique des viandes insalubres.

Boulangeries (*Fours des*). — Réglementation dans le ressort de la Préfecture de police : 1° Les fournils doivent être indépendants des locations et habitations voisines, et en être séparés par des murs en moellons ou en briques d'une épaisseur suffisante. Les locaux où ils sont installés doivent être d'un accès facile. — 2° Les fournils doivent être isolés de toute construction et leurs tuyaux établis autant que possible à l'extérieur. — 3° Le bois de provision doit toujours être disposé en dehors des fournils, dans un lieu où il ne peut présenter de dangers d'incendie. — 4° Le bois destiné à la consommation du jour ne peut, soit avant, soit après la dessication, être laissé dans les fournils que s'il est placé dans une resserre en matériaux incombustibles, fermant hermétiquement par une porte de fer. Les arcades situées sous les fours ne peuvent être affectées à cet usage qu'autant qu'elles sont fermées par une porte en fer, à demeure, posée en retrait, à dix centimètres de la face du four. — 5° Les escaliers desservant les fournils doivent être en matériaux incombustibles. — 6° Les soupentes et resserres établies dans les fournils, ainsi que les supports de pannetons, les étouffoirs, les coffres à braise, doivent être aussi en matériaux incombustibles. — 7° Les pétrins et les couches à pains doivent être revêtus extérieurement de tôle, quand ils se trouvent à moins de deux centimètres de la bouche du four. Dans le même cas, les glissoires à farines sont construites en métal avec fourrures en peau. — 8° Les tuyaux à gaz, dans les fournils, doivent être revêtus en fer ou en cuivre, et non en plomb. Les chaudières doivent être fermées d'un couvercle à charnières ; elles doivent être aussi munies d'un robinet. — Deuxième division, premier bureau.

Bouquinistes. — Voir : BROCANTEURS.

Brasseries (*Débits de bières*). — Voir : DÉBITS DE BOISSONS.

Brocanteurs. — Personne ne peut en exercer l'état sans s'être fait inscrire au préalable sur les registres ouverts à cet effet à la Préfecture de police, première division, quatrième bureau. L'impétrant doit être muni de sa patente ou d'une lettre portant décharge du droit de patente, et d'un certificat de domicile et d'individualité délivré par les commissaires de police ou par les maires dans les communes rurales. Le déclarant reçoit un *bulletin d'inscription* qu'il est tenu de faire viser une fois par an, du 1er avril au 30 juin, à la Préfecture de police où il justifie de sa patente ou d'un certificat de droit de patente. Ce visa ne donne lieu à aucun frais. Dans les trois jours de la date de leur délivrance, les bulletins d'inscription doivent être présentés par les titulaires au visa du commissaire de police du lieu de leur domicile ou à celui du maire dans les communes où il n'existe pas de commissaire. — Les brocanteurs portent d'une manière apparente une médaille en cuivre qui leur est délivrée par la Préfecture de police et sur laquelle sont gravés leur nom, les initiales de leurs prénoms et le numéro de leur bulletin d'inscription. Il leur est défendu de céder, vendre, prêter ou engager leur bulletin d'inscription ou leur médaille qui doivent être retournés à la Préfecture de police en cas de décès ou de cessation de commerce. — Ils doivent faire viser et parapher tous les mois par le commissaire de police ou le maire le registre où ils sont tenus d'inscrire exactement, jour par jour, sans aucun blanc, rature, surcharge ou interligne, les objets achetés par eux, ainsi que les noms et demeures des vendeurs.

Bruits nocturnes. — Le bruit ou tapage nocturne est celui qui est fait après le coucher et avant le lever du soleil, le temps légal de la nuit commençant après le coucher du soleil. — Les serruriers, forgerons, taillandiers, chaudronniers, menuisiers, maréchaux-ferrants, et, en général, les entrepreneurs, ouvriers et autres dont les professions exigent l'emploi de marteaux, machines et appareils susceptibles d'occasionner des percussions et un bruit assez considérable pour retentir hors des ateliers et troubler ainsi la tranquillité des habitants, doivent interrompre chaque jour, savoir : de neuf heures du soir à quatre heures du matin, du 1er avril au 30 septembre; de neuf heures du soir à cinq heures du matin, du 1er octobre au 31 mars.

Bruits de cors de chasse (*et autres instruments bruyants*). — Il est interdit de sonner du cor dit trompe de chasse, dans Paris, à quelque heure et dans quelque lieu que ce soit. Il est également interdit de sonner du clairon, de battre du tambour et de faire usage de crécelles et autres instruments bruyants.

Bruits occasionnés par certaines industries. — Voir : BRUITS NOCTURNES.

Bureaux de nourrices. — La demande en autorisation d'ouvrir, à Paris ou dans la banlieue, un bureau de nourrices, ou d'exercer la profession de placer des enfants en nourrice, en sevrage ou en garde est adressée sur timbre au préfet de police. Elle fait connaître l'état-civil du pétitionnaire, les départements dans lesquels il se propose de placer des enfants, ainsi que le taux de la rémunération devant être demandée pour un placement, et la situation du local où le bureau doit être installé. — L'arrêté d'autorisation détermine les conditions particulières auxquelles le permissionnaire est astreint dans l'intérêt de la salubrité, des mœurs et de l'ordre public. Il est essentiellement révocable. — Première division, cinquième bureau.

Bureaux de placement. — Tout individu qui veut ouvrir

dans le ressort de la Préfecture de police un bureau de placement pour les ouvriers, employés, domestiques, etc., doit adresser au préfet de police une demande d'autorisation. Cette demande doit être faite sur papier timbré, énoncer les conditions des placements, indiquer le local où le bureau sera installé, et être accompagnée de l'acte de naissance du pétitionnaire, aussi que d'un casier judiciaire. — Première division, premier bureau.

Cabarets. — Voir : DÉBITS DE BOISSONS.

Cafés. — Voir : DÉBITS DE BOISSONS.

Canotage. — Voir : BACHOTAGE.

Capitaines à bord des bateaux à vapeur. — Voir : BATEAUX A VAPEUR.

Cardage de matelas. — Ne peut être effectué sur la voie publique sans la permission du commissaire de police, qui ne l'accorde que s'il n'existe ni cour, ni passage de porte cochère où le travail puisse se faire.

Cercles. — Voir : ASSOCIATIONS.

Cerfs-volants. — Il est interdit d'en enlever dans l'intérieur de Paris.

Certificats d'identité, de bonnes vie et mœurs, et de domicile. — Sont délivrés par le commissaire de police ou le maire du lieu de résidence, sur l'attestation de deux témoins patentés. Ils doivent être établis sur papier timbré.

Chanteurs ambulants. — Voir : JOUEURS D'ORGUE.

Chantiers *de bois de chauffage et de bois à brûler.* — Ne peuvent être ouverts à Paris sans autorisation du préfet de police. — Deuxième division, quatrième bureau. — Toute demande aux fins d'autorisation du chantier doit être accompagnée d'un plan figuré indiquant les dimensions du terrain et les tenants et aboutissants.

Chargement et déchargement *sur la voie publique des voitures de marchandises, de denrées, etc.* — Les entrepreneurs, négociants, marchands et autres ayant à recevoir ou accepter des marchandises, meubles, denrées ou autres objets, doivent faire entrer les voitures de transports dans les cours ou sous les passages de portes cochères des maisons qu'ils habitent, magasins ou ateliers, afin d'y opérer le chargement ou le déchargement. Il n'est fait d'exception à cette règle que lorsque les cours ou passages des portes cochères ne présentent point les facilités convenables. Dans ce cas on doit opérer avec toute la célérité possible et de façon à ne pas gêner la circulation.

Charretiers. — Voir : COCHERS.

Chasse (*Permis de*). — Nul ne peut chasser s'il ne lui a été délivré un permis par l'autorité compétente. Ces permis sont délivrés dans le ressort de la Préfecture de police, au quatrième bureau de la première division et valables pour un an seulement. Se munir auparavant d'un certificat d'identité délivré par le commissaire de police. Coût du permis de chasse : 28 francs.

Chiens et boule-dogues. — A Paris, il est défendu d'élever ou d'entretenir dans les habitations un nombre de chiens tel que la sûreté et la salubrité des voisins se trouvent compromises. Il est interdit, dans tous les temps, de laisser vaguer ou de conduire même en laisse, des chiens sur la voie publique, s'ils ne sont muselés et porteurs d'un collier où sont gravés les nom et domicile du propriétaire. — Il est défendu d'atteler ou d'attacher des chiens aux voitures à bras, ou de les enchaîner sous l'essieu des voitures. — On ne doit laisser circuler ou conduire sur la voie publique, ou dans les magasins, ateliers ou lieux ouverts au public, aucun chien de la race des boule-dogues, ni de celle des boule-dogues métis ou croisés. Dans l'intérieur des habitations ces chiens doivent toujours être tenus attachés et muselés.

Chiffonniers. — Les médailles de chiffonniers sont délivrées au quatrième bureau de la première division. Se munir d'un certificat d'identité délivré par le commissaire de police du quartier.

Chimistes du laboratoire municipal, *et experts inspecteurs.* — Les candidats doivent adresser une demande à la Préfecture de police (secrétariat général, service du personnel) en y joignant : 1° leur acte de naissance ; 2° un extrait de leur casier judiciaire; 3° leur livret militaire ; 4° un certificat de bonnes vie et mœurs ; 5° une notice faisant connaître leurs antécédents et leurs études. Cette notice devra être accompagnée des diplômes, des certificats, etc., à l'appui. Ne sont admis à concourir que les candidats réunissant les conditions suivantes : 1° être Français ; 2° avoir satisfait à la loi sur le recrutement militaire ; 3° être âgé de plus de vingt-un ans et de moins de trente ans ; 4° avoir été examiné par l'un des médecins de la Préfecture de police et reconnu physiquement apte à remplir les fonctions dont il s'agit. Aussitôt leur demande parvenue, les candidats recevront à domicile un exemplaire du programme de l'examen.

Les candidats aux fonctions de chimistes doivent avoir 12 inscriptions en pharmacie ou 16 en médecine.

Appointements : de 2.100 fr. à 3.600 fr.

Circulation des chevaux et voitures dans Paris. — Voir : ROULAGE.

Clôture des terrains vagues. — Les terrains vagues doivent être clos par des murs en maçonnerie ou par de simples barrières en charpente et planches jointives, à la condition que ces barrières aient une hauteur et une solidité suffisante pour défendre l'accès des terrains.

Cochers et conducteurs *de voitures publiques.* — Doivent avoir dix-huit ans au moins et se munir d'un permis de conduire délivré par le troisième bureau de la deuxième division. Les plaintes contre les cochers et conducteurs de voitures publiques et relatives à leurs rapports avec le public doivent être adressées au préfet de police qui statue. Le réclamant est toujours informé de la suite donnée à sa plainte.

Colporteurs. — Tout individu qui veut exercer dans le

ressort de la Préfecture de police le métier de colporteur, distributeur de livres, écrits, journaux, gravures, etc., doit en faire la déclaration au deuxième bureau du cabinet. Il lui est délivré un récépissé de sa déclaration qu'il doit représenter à toute réquisition des agents de l'autorité.

Commissaires de police. — Les commissaires de police sont généralement recrutés parmi les secrétaires et les officiers de paix; mais pour être apte à être nommé, tout candidat doit avoir subi les épreuves d'un examen qui comporte une épreuve écrite et une épreuve orale. *Épreuve écrite* : une question de droit; une procédure traitée d'après une espèce donnée; un rapport sur une question d'intérêt général. *L'épreuve orale* roule également sur le droit et la procédure. Le jury se compose des chefs de la première et deuxième division de la Préfecture; du chef de la police municipale; du chef du contrôle ; de deux commissaires de police et du chef du personnel, secrétaire, réunis sous la présidence du secrétaire général. Traitement annuel : de 6.000 francs à 8.000 francs.

Commissariats de police. — Les bureaux sont ouverts de neuf heures du matin à quatre heures de relevée et de sept heures à dix heures. Les dimanches et fêtes, il n'y a qu'un seul bureau ouvert pour deux quartiers.

Voici par quartier, la liste des commissariats de police de Paris :

ARRONDISSEMENTS	QUARTIERS	BUREAUX
1ʳ DU LOUVRE................	1 St-Germ.-l'Auxer..	Quai de l'Horloge.
	2 Halles............	Halle au Blé.
	3 Palais-Royal.......	Rue Villedo, n° 11.
	4 Place-Vendôme....	Rue Saint-Honoré, n° 247.
2ᵉ DE LA BOURSE...............	5 Gaillon...........	Rue de Hanovre, n° 1.
	6 Vivienne..........	Rue Richelieu, n° 90.
	7 Mail.............	Rue d'Aboukir, n° 63.
	8 Bonne-Nouvelle....	Rue de la Ville-Neuve, n° 9.
3ᵉ DU TEMPLE..................	9 Arts-et-Métiers....	Rue Notre-Dame-de-Nazar., n° 60
	10 Enfants-Rouges....	Rue de Bretagne (à la Mairie).
	11 Archives..........	Rue de la Perle, n° 9.
	12 Sainte-Avoie......	Rue du Temple, n° 85.
4ᵉ DE L'HOTEL-DE-VILLE.........	13 Saint-Merry......	Quai de Gesvres, n° 16.
	14 Saint-Gervais.....	Rue Vieille-du-Temp.20,imp.d'Argenson
	15 Arsenal...........	Rue de la Cerisaie, n° 10.
	16 Notre-Dame.......	Quai de Béthune, n° 34.
5ᵉ DU PANTHÉON...............	17 Saint-Victor......	Rue Monge, n° 21.
	18 Jardin-des-Plantes.	Rue Geoffroy-St-Hilaire, n° 5.
	19 Val-de-Grâce......	Rue Rataud, n° 11.
	20 Sorbonne.........	Rue Thénard, n° 12.
6ᵉ DU LUXEMBOURG..............	21 Monnaie..........	Rue Suger, n° 11.
	22 Odéon............	Rue Crébillon, n° 2.
	23 Notre-Dam.-d.-Ch.	Rue du Cherche-Midi, n° 17.
	24 St-Germ.-des-Prés.	Rue des Saints-Pères, n° 47.

ARRONDISSEMENTS	QUARTIERS	BUREAUX
14° DE L'OBSERVATOIRE..........	53 *Montparnasse*...... 54 *Santé*............. 55 *Petit-Montrouge*... 56 *Plaisance*.........	Rue Huygens, n° 4. Avenue d'Orléans, n° 68. Rue Sainte-Eugénie, n° 21.
15° DE VAUGIRARD...............	57 *Saint-Lambert*..... 58 *Necker*........... 59 *Grenelle*.......... 60 *Javel*............	Rue Lecourbe, n° 233. Rue Blomet, n° 45 *bis*. Rue Lakanal, n° 4. Rue Saint-Charles, n° 185.
16° DE PASSY..................	61 *Auteuil*.......... 62 *Muette*........... 63 *Porte-Dauphine*.... 64 *Bassins*..........	Rue Michel-Ange, n° 23. Rue Eugène-Delacroix, n° 19. Rue de Magdebourg, n° 7.
17° DE BATIGNOLLES.............	65 *Ternes*........... 66 *Plaine-Monceau*. 67 *Batignolles*....... 68 *Épinettes*.........	Rue Laugier, n° 5. Rue Demours, n° 98. Place des Batignolles, n° 46. Rue Ganthey, n° 38.
18° DE LA BUTTE-MONTMARTRE...	69 *Grand.-Carrières*.. 70 *Clignancourt*...... 71 *Goutte-d'Or*....... 72 *La Chapelle*.......	Rue Constance, n° 7. Rue Clignancourt, n° 66. Rue Marcadet, n° 1. Place de La Chapelle, n° 46-18.
19° DES BUTTES-CHAUMONT.......	73 *La Villette*........ 74 *Pont-de-Flandre*.. 75 *Amérique*......... 76 *Combat*..........	Rue de Tanger, n° 22. Rue de Nantes, n° 49. Rue d'Allemagne, n° 132. Rue Pradier, n° 21.
	77 *Belleville*.........	Rue Julien-Lacroix, n° 68.

Les communes suburbaines du ressort de la Préfecture de police sont divisées en vingt-trois circonscriptions dont suit la liste.

ASNIÈRES	Asnières et Gennevilliers.
AUBERVILLIERS	Aubervilliers, Le Bourget, La Courneuve, Dugny.
BOULOGNE	Boulogne.
CLICHY...............	Clichy.
COURBEVOIE	Courbevoie, Colombes.
LEVALLOIS-PERRET....	Levallois-Perret.
LES LILAS...........	Les Lilas, Bagnolet, Noisy-le-Sec. Romainville, Bondy.
NEUILLY	Neuilly.
PANTIN...............	Pantin. Bobigny, Drancy, Les Prés-Saint-Gervais.
PUTEAUX.............	Puteaux, Nanterre, Suresnes.
SAINT-DENIS (NORD) ..	Saint-Denis (Nord), Épinay, Pierrefite, Stains, Villetaneuse.
SAINT-DENIS (SUD)....	Saint-Denis (Sud), la Plaine et l'Ile-Saint-Denis.
SAINT-OUEN...........	Saint-Ouen.
CHARENTON-LE-PONT..	Charenton-le-Pont, Bonneuil, Créteil, Maisons-Alfort, Saint-Maurice.
CHOISY-LE-ROI	Choisy-le-roi, Chevilly, Fresnes, L'Hay, Orly, Rungis, Thiais.
GENTILLY.............	Gentilly, Arcueil, Villejuif*.
IVRY	Ivry et Vitry.
JOINVILLE-LE-PONT. .	Joinville-le-Pont, Bry-sur-Marne, Champigny, Nogent-sur-Marne, Saint-Maur.
MONTREUIL...........	Montreuil, Rosny, Villemomble.
MONTROUGE	Montrouge, Bagneux, Châtillon.
SCEAUX.......	Sceaux, Antony, Bourg-la-Reine, Châtenay, Fontenay-aux-Roses, Le Plessis-Piquet.
VANVES	Vanves, Issy, Clamart, Malakoff.
VINCENNES...........	Vincennes, Fontenay-sous-Bois, Saint-Mandé.

Les commissariats de police de Sèvres, Saint-Cloud, Meudon, Enghien-les-Bains ont leur siège dans ces communes.

Commissionnaires. — Tou t individu qui veut exercer

l'état de commissionnaire avec stationnement sur la voie
publique, doit faire par-devant le commissaire de police de
sa résidence, ou devant le maire pour les localités privées
de commissaire de police, une déclaration où sont énoncés
son état-civil, sa demeure et son signalement, ainsi que
l'indication de l'époque depuis laquelle le requérant est
domicilié dans le ressort de la Préfecture de police, et
du lieu où il désire stationner. Cette déclaration est cer-
tifiée par deux témoins qui attestent que le requérant
est de bonnes vie et mœurs ; elle contient en outre l'avis
de l'officier de police qui l'a reçue. — L'impétrant reçoit
alors à la Préfecture, première division, quatrième bureau, une médaille et un livret de commissionnaire dont
il doit toujours être porteur. La médaille et le livret sont
personnels et incessibles; ils doivent être retournés à la
Préfecture en cas de décès ou de renoncement.

Compteurs-mireurs d'œufs. — Les candidats doivent
avoir moins de 30 ans et n'avoir aucun parent faisant à
Paris le commerce des œufs. Après avoir adressé une
demande au préfet de police (y joindre : acte de naissance, casier judiciaire, papiers militaires), ils sont
appelés à passer un examen pratique à la halle (vente
en gros des beurres, œufs et fromages).

Concerts. — Voir : BALS.

Conférences publiques. — Voir : ASSOCIATIONS.

Conseil d'hygiène publique et de salubrité. — Est
chargé d'examiner les demandes relatives à l'établissement, dans Paris ou la banlieue, des fabriques et usines
qui peuvent compromettre la salubrité et la sûreté; de
rechercher les causes des maladies épidémiques et épi-
zootiques, d'indiquer les moyens de les faire cesser et
d'en prévenir les retours. Il tient ses séances de quinze
jours en quinze jours, le vendredi, à la Préfecture de
police. Il est composé des sommités du corps médical et
du monde de la science. Nous citerons au hasard les
noms de MM. Péligot, Bouchardot, Boussingault, Pas-

teur, Alfred Riche, Troost, Chatin, De Luynes, Trélat, Baron Larrey, Dujardin-Beaumetz, etc...

Constructions, démolitions. — Il est défendu de procéder à aucune construction ou réparation de murs de face ou de clôture des bâtiments riverains de la voie publique, sans avoir justifié au commissaire de police du quartier où se font les travaux, de la permission qui a dû être délivrée à cet effet par le préfet de la Seine. Voir : BARRAGES, BARRIÈRES.

Correction paternelle. — Voir : RECHERCHES DANS L'INTÉRÊT DES FAMILLES.

·Crêches. — Voir : SEVREUSES.

Dames visiteuses *des enfants du premier âge.* — Sont nommées par le préfet de police. Doivent avoir moins de cinquante ans ; être mariées ou veuves; avoir le brevet de capacité, ou tout au moins pouvoir rédiger un rapport sur la matière. Appointements : adjointes, 1.200 francs ; titulaires : 2.000 francs.

Débits de boissons. — Toute personne qui veut ouvrir à Paris ou dans sa banlieue, un café, un cabaret ou tout autre débit de boissons à consommer sur place, est tenue de faire quinze jours au moins à l'avance et par écrit, une déclaration indiquant: 1° ses nom, prénoms, lieu de naissance, âge, profession et domicile ; 2° la situation du débit ; 3° si c'est pour son compte personnel ou celui d'un tiers qu'elle veut gérer le débit, et, dans ce cas, faire connaître les nom, prénoms, profession et domicile de ce tiers. — Cette déclaration doit être remise *contre récépissé* à la Préfecture de police, deuxième division, premier bureau. — Toute mutation dans la personne du propriétaire ou du gérant doit être déclarée dans les quinze jours qui suivent. — La translation du débit d'un lieu à un autre doit être déclarée huit jours au moins à l'avance. — Les mineurs non émancipés, et les interdits ne peuvent par eux-mêmes exercer la profession de débitants de boissons, non plus que : 1" tous les individus condamnés pour crimes de droit commun ; 2° ceux qui ont été condamnés à un emprisonnement d'un mois au moins pour vol, recel, escroquerie, filouterie, abus de confiance, recel de malfaiteurs, outrage public à la pudeur, excitation de mineurs à la débauche, tenue d'une maison de jeu, vente de marchandises falsifiées et nuisibles à la santé. — L'incapacité est perpétuelle à l'égard de tous les individus condamnés pour crimes ; elle cesse cinq ans après l'expiration de leur peine à l'égard des condamnés pour délits, si, pendant ces cinq années, ils n'ont encouru aucune condamnation correctionnelle à l'emprisonnement. — Les mêmes condamnations, lorsqu'elles sont prononcées contre un débitant de boissons à consommer sur place, entraînent de plein droit contre lui et pendant le même délai l'interdiction d'exploiter un débit, à partir du jour où les dites condamnations sont devenues définitives. La même interdiction atteint aussi tout débitant qui vient à être condamné à un mois au moins d'emprisonnement peur ivresse publique. — Le débitant interdit ne peut être employé, à quelque titre que ce soit, dans l'établissement qu'il exploitait, comme attaché au service de celui auquel il aurait vendu ou loué, ou par qui il ferait gérer le dit établissement, ni dans l'établissement qui serait géré par son conjoint même séparé. — Les maires peuvent, les conseils municipaux entendus, prendre des arrêtés pour déterminer les distances auxquelles les cafés et débits de boissons ne pourront être ouverts à proximité de certains monuments publics (hospices, édifices consacrés à un culte, écoles, etc.). — Les individus qui, à l'occasion d'une foire, d'une vente ou d'une fête publique, établissent des cafés ou débits de boissons, ne sont pas tenus à la déclaration ; mais ils doivent obtenir l'autorisation de l'autorité municipale. Les cabarets, cafés, estaminets, billards, guinguettes et autres lieux de réunion ouverts au public, *situés en-deçà des anciens boulevards extérieurs de Paris*, peuvent rester ouverts pendant toute l'année jusqu'à deux heures du matin. — Les débitants établis aux *abords des Halles*, dans le périmètre formé par le boulevard Sébastopol et les rues Tiquetonne, Jean-Jacques Rousseau, Saint-Honoré, du Louvre et de Rivoli, sont autorisés à conserver leurs établissements ouverts, *toute la nuit*, pendant toute l'année, à la condition expresse de n'ouvrir qu'une salle sur le devant et au rez-de-chaussée, et d'interdire toute espèce de jeux après deux heures du matin. — Les débits *situés au-delà des anciens boulevards extérieurs de Paris et dans les communes du ressort de la Préfecture de police* peuvent rester ouverts jusqu'à une heure du matin. — Les débitants qui voudraient conserver leurs établissements ouverts en dehors des heures réglementaires doivent adresser une demande motivée au préfet de police qui statue après avis du commissaire de police du quartier et de l'officier de paix de l'arrondissement.

Décrotteurs. — Doivent se munir d'une autorisation pour stationner sur la voie publique ; s'adresser au deuxième bureau de la première division ; se pourvoir au préalable d'un certificat d'identité.

Décrottoirs. — Défense d'en établir en saillie sur la voie publique, au-devant des maisons et boutiques.

Démolitions. — Avant de commencer tout travail, demander une autorisation au préfet de police, deuxième division, deuxième bureau. Voir : BARRIÈRES, BARRAGES.

Dépôts sur la voie publique *de matériaux, meubles, marchandises, voitures, etc.* — Il est défendu de déposer sur aucun point de la voie publique des pierres, terres, sables, gravois et autres matériaux, si ce n'est dans le cas où des travaux à exécuter en nécessiteraient le dépôt momentané ; mais ce dépôt ne peut avoir lieu sans l'autorisation du commissaire de police du quartier. — Il est défendu de déposer sans nécessité et de laisser sans autorisation sur la voie publique, des meubles,caisses, tonneaux et autres objets,et d'y laisser stationner, sans nécessité, aucune voiture attelée ou non.

Disparitions. — Doivent être signalées sans retard au commissaire de police qui consigne dans un procès-verbal tous les renseignements de nature à faire retrouver la personne disparue. Les recherches sont faites par les soins du premier bureau de la première division qui avise de leur résultat les intéressés. Voir: RECHERCHES DANS L'INTÉRÊT DES FAMILLES.

Distributeurs de prospectus. — Voir : COLPORTEURS.

Droguistes. — Voir: SUBSTANCES VÉNÉNEUSES.

Eaux minérales. — Toute entreprise ayant pour but de livrer ou d'administrer au public des eaux minérales naturelles ou artificielles, est soumise à une autorisation préalable et à l'inspection des hommes de l'art. Sont seuls exceptés de cette condition les débits ayant lieu dans les pharmacies. Ceux qui désirent vendre ces eaux sont tenus d'adresser au préfet de police, deuxième division, quatrième bureau, une demande sur papier timbré; ils doivent payer un droit d'inspection qui ne peut être au-dessous de 25 francs.

Echafaudages. — Voir : BARRIÈRES.

Echenillage. — Les propriétaires et fermiers sont tenus de faire écheniller tous les ans, avant le 20 février, les arbres, arbustes, haies ou buissons situés dans leur propriété. Tous les ans le préfet de police publie une ordonnance à ce sujet.

Ecriteaux pour locations. — Doivent être attachés solidement et appliqués contre les murs, et non faire saillie sur la voie publique.

Ecrits et imprimés (*Colportage et distribution des*). — Voir : COLPORTEURS.

Embaumements. — Mêmes formalités à remplir que pour les autopsies. Voir ce mot.

Employés des bureaux *de la Préfecture de police.* — Les conditions suivantes sont exigées : être Français et âgé de vingt-et-un ans au moins et de trente ans au plus ; fournir, avec une demande d'emploi sur papier timbré, une expédition authentique de l'acte de naissance dûment légalisée, un extrait du casier judiciaire, le livret militaire ou toute autre pièce justifiant que le postulant a satisfait à la loi sur le recrutement de l'armée, et, s'il a servi, qu'il s'est bien conduit. Posséder une bonne instruction secondaire, c'est-à-dire être en état d'écrire correctement le français et de répondre à des questions sur l'histoire de France, la géographie universelle et l'arithmétique. Les postulants munis de diplômes universitaires ne sont pas pour cela dispensés de l'examen d'admissibilité qui a lieu au bureau du personnel au fur et à mesure que les demandes d'emploi introduites sont instruites. — Appointements : *commis* : de 2.100 à 3.500 francs ; *commis principaux* : 3.600 à 4.400 francs ; *sous-chefs* : 4.500 à 5.500 francs ; *chefs de bureau* : 6.000 à 8.000 francs ; *chefs de division* : 12.000 à 14.000 francs.

Enfants du premier âge. — La partie administrative du service de la protection des enfants du premier âge est confiée au cinquième bureau de la première division. C'est là que doivent être adressées toutes les plaintes concernant les nourrices, placeuses, gardeuses d'enfants, etc.

Enfants égarés. — Le cinquième bureau de la première division est chargé du soin de rechercher les parents des enfants égarés et trouvés sur la voie publique. S'adresser directement à ce bureau, ou avoir recours à l'entremise du commissaire de police de la résidence.

Enfants employés dans les cafés-concerts, *théâtres, cirques, etc.* — Voir : ACROBATES.

Enfants et filles mineures employés dans l'industrie. — La partie administrative du service de protection des enfants et filles mineures employés dans l'industrie est confiée au quatrième bureau de la deuxième division où doivent être adressées toutes les réclamations, plaintes, etc. relatives à l'application de la loi du 19 mai 1874.

Enseignes. — Voir : AFFICHES, ÉCRITEAUX DE LOCATION.

Epaves. — Voir : OBJETS PERDUS ET TROUVÉS.

Epizooties. — Voir : BESTIAUX ATTEINTS DE MALADIES CONTAGIEUSES.

Epuration de literie. — Les entrepreneurs d'épuration de literie doivent se conformer aux prescriptions suivantes :

1° Tous les ateliers auront deux locaux absolument séparés, l'un consacré à l'épuration de literie ayant servi à des malades atteints d'affections contagieuses, l'autre à l'épuration de la literie ordinaire. 2° Pour leur transport, les objets de literie devront être introduits dans une enveloppe en toile à bâche, hermétiquement close. 3° Arrivés à l'atelier, les objets suspects seront éventrés ; leurs enveloppes, ainsi que l'enveloppe ayant servi au transport, seront immédiatement désinfectées, soit en les plongeant dans la lessive bouillante, soit en les passant à l'acide sulfureux. 4° La voiture ayant servi au transport sera lavée avec des solutions désinfectantes. 5° Chez les industriels n'ayant à leur disposition que de la vapeur à basse pression, la laine, après avoir été exposée à cette vapeur, devra subir l'action de l'acide sulfureux, et la construction d'un soufroir sera exigée à cet effet. 6° Il sera interdit de carder la laine provenant d'un matelas suspect, avant son épuration préalable. 7° Les poussières produites par le cardage ne seront jamais projetées au dehors ; elles devront être dirigées dans un foyer ardent, ou recueillies dans une chambre close pour être entièrement brûlées.

Etablissements classés. — Les manufactures et ateliers qui répandent une odeur insalubre ou incommode, ne peuvent être formés sans une permission de l'autorité administrative. Ces établissements sont divisés en trois classes : la première comprend les ateliers qui doivent être éloignés des habitations particulières ; la deuxième, ceux dont l'éloignement n'est pas rigoureusement nécessaire, mais dont il importe de ne permettre la formation qu'après avoir acquis la certitude que les opérations qu'on y pratique sont exécutées de manière à n'être ni dangereuses, ni incommodes pour les personnes du voisinage ; la troisième, ceux qui peuvent être établis sans inconvénient près des habitations, mais qui doivent rester sous la surveillance de la police. — Les établissements rangés dans la première classe sont autorisés par les préfets après l'apposition d'affiches pendant un mois, dans un rayon de cinq kilomètres, enquête *de commodo et incommodo*, et s'il y a des oppositions, après avis du conseil de Préfecture. — Les ateliers compris dans la deuxième classe sont autorisés de même par les préfets, après enquête, mais sans l'obligation des affiches. — Ceux de la troisième classe sont autorisés par les sous-préfets, sans affiches, ni enquête, mais sur l'avis des maires. — Les attributions données aux préfets et sous-préfets relativement à la formation des établissements classés sont exercées par le préfet de police dans toute l'étendue du département de la Seine et dans les communes du ressort de la Préfecture de police. — Pour toutes les questions relatives aux dits établissements, s'adresser au quatrième bureau de la première division.

Étalages. — A la suite d'une délibération du conseil municipal, établissant une redevance pour les étalages reposant sur le sol au-devant des boutiques et magasins, il a été décidé qu'on pouvait permettre les étalages en tenant compte de la circulation de la rue, de la forme et de la nature de l'étalage ; l'emplacement concédé ne peut dépasser 0^m, 50. Les étalages pouvant salir ou blesser les passants sont prohibés. — Adressées au *préfet de la*

Seine, les demandes d'étalages sont transmises pour avis au commissaire de police du quartier.

Exhumations, réinhumations. — Toute demande en autorisation de l'une de ces deux opérations doit être faite sur papier timbré par le plus proche parent du défunt, ou par un fondé de pouvoirs, et être légalisée par le maire ou le commissaire de police auquel on justifie de la qualité en vertu de laquelle on agit. Adresser ces demandes au préfet de police, deuxième division, quatrième bureau. Voir : TRANSPORT DES CORPS.

Experts-inspecteurs du service des boissons. — Voir : CHIMISTES DU LABORATOIRE MUNICIPAL.

Fêtes et divertissements nautiques. — Voir : RÉGATES.

Fêtes publiques. — Voir : BALS.

Forts des halles et marchés. — Les forts doivent avoir une permission et une plaque délivrées par la Préfecture de police (bureau du personnel), sur le vu d'un certificat d'identité délivré en présence de deux témoins par le commissaire de police de la résidence. Ils peuvent seuls enlever les marchandises à l'intérieur des halles et marchés, pour les livrer aux porteurs ou aux gardiens désignés par les acheteurs.

Fouilles et tranchées. — Il est défendu aux particuliers et à leurs entrepreneurs de faire aucune fouille ni tranchée dans le sol de la voie publique, sans une permission spéciale du préfet de police. S'adresser au deuxième bureau de la deuxième division. — Toutefois, cette permission n'est point exigée pour les travaux d'établissement, de renouvellement ou de réparation de conduites d'eau ou de gaz dont la durée ne doit pas excéder quarante-huit heures. Il suffit, dans ce cas, de prévenir le commissaire de police du quartier du commencement des travaux. — Le remblai doit se faire, autant que possible, au fur et à mesure de l'exécution des travaux. — Dans le cas où en faisant des tranchées on découvrirait des berceaux de caves, des fosses, des puits ou des égoûts abandonnés, informer immédiatement le bureau compétent; les monnaies, médailles, armes, objets d'art ou d'antiquités, trouvés dans les fouilles doivent être remis au commissaire de police, sans préjudice, s'il y a lieu, des droits attribués par la loi à l'auteur de la découverte. Les débris humains doivent être soigneusement recueillis pour être transportés aux catacombes par les soins du commissaire de police. — Pendant la durée des travaux toutes les précautions doivent être prises pour assurer la libre circulation des piétons et des voitures.

Fourrière. — Tous les animaux, voitures et autres objets, saisis ou abandonnés sur la voie publique dans le ressort de la Préfecture de police, sont conduits et déposés à la fourrière, rue de Pontoise, 19, cinquième arrondissement. Les personnes qui viennent reconnaître des animaux ou des objets déposés à la fourrière, doivent s'adresser à l'inspecteur-contrôleur du dit établissement.

Garantie des matières d'or et d'argent (*Contrôle de la*). — Le commerce des matières d'or et d'argent et de tous les objets dans la fabrication desquels ces matières sont employées, sollicite des garanties pour *le titre* qui, d'une part, influe essentiellement sur leur valeur, et qui, de l'autre, ne peut être vérifié qu'à l'aide d'opérations difficiles, et même quelquefois impossibles à effectuer sans dénaturer les objets. Voici les noms et adresses des commissaires de police chargés du contrôle de ces garanties : MM. Sébastiani, rue de Rivoli, 220; — Le Millier, rue Sophie Germain, 11; — Moreau, villa Lamarre, 6, à Vincennes; — Cottrez, rue des Carrières, 10 *bis*, à Vincennes; — Fièvet, rue des Perchamps, 3; — Bizot, rue Saint-Marc, 14.

Garçons de bureau *de l'administration centrale et des commissariats.* — Les candidats sont soumis aux conditions exigées des candidats aux fonctions de gardien de la paix. Traitement annuel : 1.500 et 1.600 fr.

Garde républicaine. — Les rétributions auxquelles a

droit la garde républicaine pour le service des théâtres,
bals, concerts, etc., est fixée ainsi qu'il suit :

	THÉÂTRES ET BALS.		SOIRÉES particulières.
	A pied.	A cheval.	A pied et à cheval.
Maréchal des logis..	2 fr. 00	3 fr. 00	5 fr.
Brigadier............	1 fr. 50	2 fr. 00	5 fr.
Garde...............	1 fr. 00	1 fr. 50	5 fr.

Ces rétributions sont payées doubles toutes les fois
que le service se prolonge après minuit et demi.

Gardeuses d'enfants. — Voir : MAISONS DE SEVRAGE.

Gardiens de la paix publique. — Les gardiens de la
paix publique sont nommés par le préfet de police.
Conditions : 1° Avoir vingt-et-un ans au moins et trente
ans au plus ; les anciens militaires peuvent être admis
jusqu'à trente-cinq ans, pourvu qu'ils justifient, indé-
pendamment de leur congé, d'un certificat de bonne
conduite au corps. — 2° Avoir au moins la taille de
1m,70. — 3° Être de bonne constitution. — 4° Savoir
lire et écrire, et avoir l'intelligence et l'aptitude nécessaires pour faire un bon service. — 5° Être porteur
d'un certificat de moralité et de bonne conduite délivré
sous la forme des certificats exigés par la loi sur le recrutement de l'armée. — Les candidats sont visités par le médecin en chef de la Préfecture de police qui vérifie s'ils sont
de bonne constitution et propres au service. Ils sont ensuite
examinés par le chef de la police municipale qui donne
son avis sur la capacité et l'aptitude du sujet. — Le

traitement des gardiens de la paix varie entre 1.200,
1.300, 1.400 et 1.500 fr.; celui des sous-brigadiers varie
entre 1.600 et 1.700 fr.; celui des brigadiers varie entre
1.800 et 2.000 fr. — Ces agents touchent de plus, par an,
200 fr. d'indemnité pour leur loyer; ils reçoivent en outre
un uniforme.

Gardiens de prison. — Les candidats doivent remplir
les conditions exigées des candidats à l'emploi de gardiens de la paix. — Traitement annuel : deuxième
classe : 1.500 francs; première classe : 1.600 francs ;
sous-brigadiers : 1.800 francs; brigadiers : 2.000 francs.

Garnis. — Toute personne qui veut louer en garni
doit en faire préalablement la déclaration sur papier
timbré, au préfet de police, première division, quatrième
bureau.

Gibier. — Dans chaque département, il est interdit
de mettre en vente, de vendre, d'acheter, de transporter
et de colporter du gibier pendant le temps où la chasse
n'y est pas permise. Il n'est fait d'exception à cette
règle que pour : 1° la *grousse*, gibier d'Écosse non
acclimaté en France; 2° le grand *coq de Bruyère*, la
gélinote noire ou coq de bruyère à queue fourchue, et
la *gélinote blanche* ou l'ogapède des saules ; 3° les
lapins de garenne; 4° les sangliers, tués dans les battues, sous la condition que les envois sont accompa-
gnés d'un certificat de provenance et d'une autorisation
de transport délivrée par le préfet ou le sous-préfet de
l'arrondissement où ont eu lieu les battues. — La recherche du gibier ne peut être faite à domicile que chez
les aubergistes, marchands de comestibles, et dans les
lieux ouverts au public.

Greffiers des prisons de la Seine. — Pour les conditions d'admission, voir : EMPLOYÉS DES BUREAUX.
Traitement annuel : quatrième classe : 1.500 francs;
— troisième classe : 1.800 francs; — deuxième classe :
2.100 francs; première classe : 2.400 francs. — Greffiers :

2.400 francs. — Directeurs de prisons : trois classes : 4.000,
5.000 et 6.000 francs.

Guinguettes. — Voir : BALS.

Halles et marchés (*Inspection générale des*). — Le
bureau de l'inspecteur général est situé à la halle aux
blés.

Herboristes. — Voir : SUBSTANCES VÉNÉNEUSES.

Hospitalisation dans les dépôts de mendicité. — Par
exception, la maison de répression de Saint-Denis et le
dépôt de mendicité de la Seine, à Villers-Cotterets
(Aisne), reçoivent à titre d'hospitalité les nécessiteux,
qui ne peuvent être admis dans les hospices de l'As-
sistance publique; ces nécessiteux doivent se pourvoir
auprès du commissaire de police de leur domicile d'un
procès-verbal constatant leur état d'indigence. Munis
de cette pièce, ils ont à se présenter au deuxième
bureau de la première division qui statue. Ceux qui
demandent leur admission à Villers-Cotterets doivent
justifier de la possession de la somme de 5 fr. 25 nécessaire à leur transport par les voies ferrées.

Hôtels meublés. — Voir : GARNIS.

Incendies. — La majeure partie des dépenses occasionnées par l'extinction d'un incendie, est faite dans
un intérêt privé et doit rester à la charge du locataire
ou propriétaire incendié, sauf leur recours, s'il y a lieu,
contre les compagnies d'assurances. Il n'est fait d'ex-
ceptions à cette règle qu'en cas d'indigence ou de gêne
notoires. Adresser toutes les demandes ou réclamations
à ce sujet au préfet de police, deuxième division, troisième bureau.

Industries bruyantes. — Voir : BRUITS NOCTURNES.

Inspecteurs de police. — Les inspecteurs de police
sont les agents qui font leur service en bourgeois ; ils
sont embrigadés comme les gardiens de la paix et touchent les mêmes appointements qu'eux. Les conditions
d'admission sont pour les inspecteurs les mêmes que

celles exigées pour l'emploi de gardien de la paix.

Instituteurs des prisons de la Seine. — Les Instituteurs des prisons de la Seine sont au nombre de quatre, au traitement de 1.800 et de 2.100 francs par an, plus 300 francs d'indemnité annuelle de logement.

Les nominations se font au concours: adresser au préfet de police une demande sur papier timbré. — Les conditions à remplir sont les suivantes : — 1° être Français et être âgé de plus de trente ans et de moins de quarante-cinq; — 2° être pourvu du brevet de capacité; — 3° justifier de cinq années au moins d'enseignement dans des institutions communales ou libres. — Les candidats trouveront au personnel de la Préfecture de police (caserne de la Cité, escalier C), les autres renseignements qui leur seraient utiles.

Internes en médecine *attachés aux prisons de la Seine.* — Adresser une demande au préfet de police; avoir moins de trente ans; justifier de seize inscriptions à l'École de médecine. — Traitement annuel: 1.000 francs.

Joueurs d'orgue. — Tout individu qui veut exercer la profession de: joueur d'orgue, musicien, chanteur ambulant, saltimbanque, doit adresser à la Préfecture de police, — deuxième division, deuxième bureau, — une demande de permission à cet effet, par l'entremise du commissaire de police de son quartier, auprès duquel le pétitionnaire doit d'ailleurs se pourvoir d'un certificat de bonnes vie et mœurs destiné à être joint à sa demande. Aucune demande n'est admise si le pétitionnaire ne justifie qu'il est domicilié depuis un an au moins dans le ressort de la Préfecture de police et qu'il est Français. — Il est expressément défendu aux saltimbanques, joueurs d'orgues, musiciens et chanteurs ambulants de se faire accompagner par des enfants âgés de moins de seize ans ou par des personnes infirmes.

Joûtes. — Voir : RÉGATES.

Laboratoire municipal de chimie. — Le public est admis à faire analyser les denrées et substances alimentaires, ainsi que tous autres produits industriels, aux conditions suivantes : 1° *analyses qualitatives* : gratuitement; 2° *analyses quantitatives:* suivant le tarif ci-après :

5 francs: Vin. — Dosage de l'alcool et extrait densimétrique.

5 francs: Vin. — Dosage de l'extrait sec en poids.

10 francs: Vin, — Recherche de la coloration naturelle ou artificielle.

5 francs: Étain servent à l'étamage. — Dosage du plomb.

5 francs: Poterie d'étain. — Dosage de l'étain. — Par différence, évaluation de la totalité des autres métaux.

5 francs: Poteries vernissées. — Dosage du plomb dissous par les acides faibles.

5 francs : Soudures des boîtes de conserves. — Vérification de la soudure intérieure ou extérieure. — Dosage du plomb.

5 francs: Sel de cuisine. — Dosage du chlorure de sodium.

5 francs : Pétrole. — Densité et point d'inflammabilité.

10 francs: Lait. — Densité. — Crème. — Dosage de l'extrait, du beurre, des cendres, du sucre de lait. — Recherche des antiseptiques.

10 francs: Eau potable. — Analyse par la méthode hydrométrique. — Matières organiques au permanganate.

10 francs : Chicorée. — Dosage des cendres. — Recherche des matières étrangères.

10 francs : Alcool. — Dosage de l'alcool. — Recherche des matières étrangères.

10 francs: Viandes, légumes ou conserves diverses. — Examen microscopique. — Recherche des métaux et des antiseptiques (chaque dosage 5 francs en sus).

10 francs : Papiers, jouets, tentures, sucreries. — Recherche des colorants interdits.

10 francs : Sucre, glucose, miel. — Examen microscopique et dosage au polarimètre.

20 francs : Vin. — Dosage de l'alcool, des extraits, des cendres, de l'acidité, du tartre, du sulfate de potasse, examen polarimètrique et recherhe des colorants et des antiseptiques.

20 francs : Bière ou cidre. — Densité. — Dosage de l'alcool, de l'extrait, des cendres, de l'acidité, examen polarimètrique et recherche des colorants et des antiseptiques.

20 francs : Vinaigre. — Dosage de l'acidité, de l'extrait, des cendres. — Recherche des acides minéraux.

20 francs : Liqueurs. — Dosage de l'alcool, de l'extrait, du sucre. — Recherche des colorants et des antiseptiques.

20 francs : Farine, pains, pâtes et pâtisseries. — Examen microscopique. — Dosage de l'eau, des cendres pour les farines, dosage du gluten. — Recherche des matières étrangères.

20 francs : Sirops, confitures. — Dosage du sucre et de la glucose. — Recherche des colorants et des antiseptiques.

20 francs : Beurre et graisse. — Dosage de l'eau, de la matière grasse. — Titres des acides gras. — Recherche des matières étrangères.

20 francs · Huiles comestibles. — Densité et recherche des huiles étrangères. — Echauffement par l'acide sulfurique.

20 francs : Café. — Dosage de l'extrait, des cendres, examen microscopique. — Recherche du mouillage et des matières étrangères.

20 francs : Cacao, chocolat, thé, poivres. — Dosage de l'extrait, des cendres, examen microscopique. — Recherche des matières étrangères.

20 francs : Analyse hydrométrique. — Dosage du résidu sec en poids. — Dosage des matières organiques au permanganate. — Numération des colonies.

20 francs : Eau minérale (dont la composition est connue). — Dosage du résidu sec et de l'élément dominant.

20 francs : Parfumerie. — Recherche et dosage de métaux toxiques.

20 francs : Sels. — Dosage du chlorure de sodium, de l'eau, des matières insolubles.

20 francs : Produits pharmaceutiques, extraits de viandes peptones. — Essais et dosages nécessaires pour voir s'ils sont conformes au Codex, aux ordonnances médicales ou aux étiquettes et prospectus.

100 francs : Eau potable. — Analyse complète par la méthode pondérale. — Numération des colonies.

1,000 francs : Eau minérale (composition à déterminer). — Analyses qualitatives et quantitatives complètes.

Les recherches ou dosages non prévus au présent tarif sont réglés, après entente avec le déposant, à raison de 10 francs par recherche et de 20 francs par dosage.

Les échantillons d'un litre environ pour les liquides, de 250 à 500 grammes pour les autres produits doivent être adressés *franco* de port à M. Girard, chef du laboratoire municipal, caserne de la Cité, à Paris.

Litières de fumier ou de paille *au-devant des habitations*. — A Paris, en cas de maladies certifiées par un médecin, les commissaires de police peuvent autoriser le dépôt de litières de fumier ou de paille sur la voie publique, la litière doit être renouvelée tous les trois jours et enlevée aux frais du pétitionnaire.

Livrets de domestiques, d'ouvriers. — Sont exclusivement délivrés et visés à la Préfecture de police, première division, quatrième bureau, tant pour Paris que pour la banlieue. Pour la délivrance, se munir d'un certificat d'identité dressé par le commissaire de police de la résidence. Coût d'un livret : 0 fr. 25.

Locomotives routières. — Toute personne qui voudra établir un service par locomotives pour le transport des voyageurs ou des marchandises, devra se pourvoir d'une autorisation qui sera délivrée par le préfet (le préfet de police pour Paris et la banlieue) si le service est compris dans un seul département; et par le ministre des Travaux publics, s'il en embrasse deux ou un plus grand nombre. — La demande doit indiquer : 1° l'itinéraire détaillé que le pétitionnaire a l'intention de suivre; 2° le poids des wagons chargés et celui des machines avec leur approvisionnement, et, pour ces dernières, la charge de chaque essieu; 3° la composition habituelle des trains et leur longueur, machine comprise. — L'arrêté d'autorisation détermine les conditions particulières auxquelles le permissionnaire sera soumis. Les arrêtés des préfets qui refuseraient les autorisations demandées peuvent être l'objet d'un recours devant le ministre. — Voir : APPAREILS A VAPEUR.

Loteries. — Sont seules autorisées les loteries d'objets mobiliers dont le produit est destiné à des œuvres de bienfaisance *collective*, où à l'encouragement des arts. Pour Paris et la banlieue, adresser les demandes au préfet de police, premier bureau, première division.

Loueurs de bateaux. — Les propriétaires d'embarcations qui veulent les mettre en location ou les tenir à la disposition du public pour promenades et passages d'eau, doivent en faire préalablement la déclaration dans les bureaux de l'inspection générale de la navigation et des ports. L'inspecteur général fait mention de cette déclaration sur le permis de stationnement et de circulation, après s'être assuré que l'embarcation réunit toutes les conditions énoncées ci-après. Le nombre des passagers que peut porter l'embarcation est également indiqué sur le permis. — Les bachots de

louage doivent être à fond plat et de construction solide ;
être munis de leur gouvernail sans barre, de deux
paires de rames, d'une écope, d'un croc, d'un cordage
avec une petite ancre ou grapin et de bancs pour
asseoir les passagers. Ils ne peuvent, en aucun cas,
porter de voiles de quelque espèce que ce soit. — Les
bachots de dimensions ordinaires, c'est-à-dire ayant
8 mètres de longueur sur 2 mètres de largeur et 0^m,50
de profondeur, ne peuvent recevoir plus de *douze* personnes, non compris le marinier. Quant aux embarcations de dimensions plus grandes, le nombre des passagers qu'on peut y embarquer est fixé par l'inspecteur
général de la navigation. Dans tous les cas, le nombre
des passagers autorisés est inscrit sur les deux côtés
extérieurs de l'embarcation, en lettres rouges de 0^m,20
de hauteur et 0^m,03 de plein sur fond blanc. — Le nombre
des passagers inscrit au permis ne peut être excédé. —
Les passagers doivent rester assis jusqu'au moment du
débarquement, lequel ne doit se faire que sur les points
présentant facilité et sécurité pour cette opération. —
Toute embarcation servant à un passage d'eau ou louée
pour la promenade, soit à l'heure, soit à la journée, doit
être conduite par un marinier expérimenté muni d'une
autorisation spéciale de l'inspecteur général de la navigation et des ports. Cette autorisation s'obtient sur la
production d'un certificat d'un prud'homme de la navigation attestant que l'impétrant sait nager et manœuvrer
une embarcation. — Les canots de louage doivent être
d'une construction solide et pourvus de tous les agrès
que comporte leur espèce. — Ne peuvent être louées au
public les embarcations ayant des dimensions moindres
de 4 mètres de longueur sur 0^m,90 de largeur.

Loueurs de voitures publiques. — Tout loueur de voitures publiques, de place ou de remise, à la course et à
l'heure, qui veut user de la faculté de faire stationner
ses voitures sur les emplacements à ce affectés et de

prendre des voyageurs sur la voie publique, doit :
1° déposer à la *Préfecture de la Seine* (bureau du domaine
de la ville) l'engagement de payer par trimestre et
d'avance le droit annuel de location de 365 francs par
voiture; 2° acquitter à la caisse municipale le premier
trimestre de ce droit dont il lui sera remis la quittance;
3° obtenir de la Préfecture de police un permis de circulation. S'adresser au troisième bureau de la deuxième
division.

Logeurs. — Voir : GARNIS.

Maisons de sevrage. — Voir : SEVREUSES.

Maisons garnies. — Voir : GARNIS.

Marchands ambulants. — Quiconque veut exercer la
profession de marchand ambulant, doit adresser une
demande de permission à cet effet à la Préfecture de
police, deuxième division, deuxième bureau. Le pétitionnaire doit justifier qu'il est Français et qu'il est
domicilié depuis un an au moins à Paris ou la banlieue.
Ces justifications sont faites au moyen de certificats
délivrés, sur l'attestation de deux témoins, par le commissaire de police de la résidence.

Marchands de vin débitants. — Voir : DÉBITS DE BOIS-
SONS.

Médailles de sauvetage. — Voir : ACTES DE DÉVOU-
MENT.

Médecins du Dispensaire. — Sont nommés par le préfet
de police. — Appointements annuels des médecins titulaires, de 2.100 à 3.600 francs.

Médecins inspecteurs *du service des enfants du premier
âge.* — Sont nommés par le préfet de police. Appointements des adjoints : 2.000 francs par an; des titulaires :
3.000 francs.

Mineurs disparus. — Voir : RECHERCHES DANS L'IN-
TÉRÊT DES FAMILLES.

Morgue. — Les vêtements et autres objets trouvés sur
les cadavres déposés à la Morgue et reconnus, peu-

vent être réclamés par la famille. Adresser la demande au préfet de police en justifiant de ses droits. Toutes les questions relatives aux individus transportés à la Morgue sont traitées par le premier bureau, première division.

Moulage et embaumement des cadavres. — Voir : AUTOPSIES.

Munitions de guerre. — Voir : ARMES DE GUERRE.

Musiciens ambulants. — Voir : JOUEURS D'ORGUE.

Navigation (*Inspection de la*). — Les bureaux de l'inspecteur général sont situés quai de la Tournelle, pavillon du port.

Nourrices. — Toute femme qui veut prendre chez elle un enfant en nourrice doit préalablement obtenir un certificat du maire de sa commune et un certificat médical. Elle doit, en outre, se munir du carnet dont il sera parlé ci-après. Le certificat délivré par le maire doit être revêtu du sceau de la mairie et contenir les indications suivantes : 1° nom, prénoms, signalement, domicile et profession de la nourrice, date et lieu de sa naissance; 2° état-civil de la nourrice, nom, prénoms et profession de son mari; 3° date de la naissance de son dernier enfant et si cet enfant est vivant. Le certificat fera connaître si le mari a donné son consentement; il contiendra les renseignements que pourra fournir le maire sur la conduite et les moyens d'existence de la nourrice, sur la salubrité et la propreté de son habitation. Il constatera la déclaration de la nourrice qu'elle est pourvue d'un garde-feu et d'un berceau.

Sur l'interpellation du maire, la nourrice déclarera si elle a déjà élevé un ou plusieurs enfants moyennant salaire; elle indiquera l'époque à laquelle elle a été chargée de ces enfants, la date et la cause des retraits, et si elle est restée munie des carnets qui lui auraient été précédemment délivrés. Le maire mentionnera dans le certificat les réponses de la nourrice. Le certificat

médical est délivré par le médecin inspecteur habitant
la commune où réside la nourrice, par un docteur en
médecine ou par un officier de santé; il peut également être délivré dans la commune où la nourrice vient
prendre l'enfant; il est dûment légalisé et visé par le
maire; il doit attester : 1° que la nourrice remplit les
conditions désirables pour élever un nourrisson;
2° qu'elle n'a ni infirmités, ni maladie contagieuse;
qu'elle est vaccinée. Le carnet est délivré gratuitement, à
Paris, à la Préfecture de police, cinquième bureau, première division. La nourrice peut l'obtenir soit dans la
commune où elle réside, soit dans celle où elle vient
chercher un enfant; dans ce dernier cas, elle doit produire le certificat du maire de sa commune. Elle doit se
pourvoir d'un carnet nouveau chaque fois qu'elle prend
un nouveau nourrisson. Le certificat délivré à la nourrice par le maire de sa commune et le certificat médical
sont inscrits sur le carnet. S'ils ont été délivrés à part,
ils y sont textuellement transcrits. Le carnet est disposé
de manière à recevoir en outre les mentions suivantes :
1° l'extrait de l'acte de naissance de l'enfant, la date et
le lieu de son baptême, les noms, profession et demeure
des parents ou des ayants droit à défaut de parents connus, la date et le lieu de la déclaration faite par ceux-
ci; 2° la composition de la layette remise à la nourrice;
3° les dates des paiements des salaires; 4° le certificat
de vaccine; 5° les dates des visites du médecin inspecteur et des membres de la commission locale, avec
leurs observations; 6° les déclarations prescrites par
l'article 9 de la loi. (*Voir à la fin de l'article.*) Le carnet
reproduit le texte des articles du Code pénal, du réglement d'administration publique et du réglement particulier fait par le préfet, qui intéressent directement les
nourrices, sevreuses ou gardeuses, les intermédiaires et
les directeurs de bureaux de placement. Il contient en
outre des notions élémentaires sur l'hygiène du premier

âge. Les conditions concernant les certificats, l'inscription et le carnet sont applicables aux femmes qui veulent se charger d'enfants en sevrage ou en garde, à l'exception de la condition d'aptitude à l'allaitement au sein. Si l'enfant n'a pas été vacciné, la nourrice doit le faire vacciner dans les trois mois du jour où il lui a été confié. La nourrice, sevreuse ou gardeuse ne peut, sous aucun prétexte, se décharger, même temporairement, du soin d'élever l'enfant qui lui a été confié, en le remettant à une autre nourrice, sevreuse ou gardeuse, à moins d'une autorisation écrite donnée par les parents ou par le maire, après avis du médecin inspecteur. La nourrice, sevreuse ou gardeuse qui veut rendre l'enfant confié à ses soins, avant qu'il lui ait été réclamé, doit en prévenir le maire. L'article 9 cité plus haut est ainsi conçu : Toute personne qui a reçu chez elle, moyennant salaire, un nourrisson ou un enfant en sevrage ou en garde, est tenue sous les peines portées à l'article 346 du Code pénal : 1° d'en faire la déclaration à la mairie de la commune de son domicile dans les trois jours de l'arrivée de l'enfant, et de remettre le bulletin mentionné en l'article 7 ; 2° de faire, en cas de changement de résidence, la même déclaration à la mairie de sa nouvelle résidence ; 3° de déclarer, dans le même délai, le retrait de l'enfant par ses parents ou la remise de cet enfant à une autre personne, pour quelque cause que cette remise ait lieu ; 4° en cas de décès de l'enfant, de déclarer ce décès dans les vingt-quatre heures.

Noyés (*Secours aux*). — Un certain nombre de pavillons de secours aux noyés sont installés sur les bords de la Seine. A côté de ces pavillons, un bateau exclusivement affecté au sauvetage permet à un personnel exercé de porter secours immédiatement. Les pavillons sont confiés à des gardiens de la paix qui s'y succèdent jour et nuit, et auxquels sont données des instructions verbales et des répétitions qui les mettent à même d'administrer des secours aux noyés.

Objets perdus. — Dès que l'on a perdu un objet quelconque sur la voie publique, dans une voiture de place, omnibus, tramway, etc., ou dans un lieu public, on doit adresser au préfet de police, *sur papier libre et sans affranchir*, la lettre suivante : Monsieur le Préfet, j'ai l'honneur de vous prier de me faire savoir si l'on a déposé dans vos bureaux — *indiquer l'objet* — que j'ai perdu — *la date* — dans le parcours de — *indiquer les rues par lesquelles on est passé le jour de la perte: désigner le lieu public ou la voiture où l'on croit avoir égaré l'objet qu'on réclame.* — Agréez,... — *signature et adresse.* — Il est indispensable de donner dans cette lettre le plus de renseignements possibles sur l'objet qu'on désire retrouver. Ainsi, s'il s'agit d'une montre, il est bon d'en donner les numéros, les initiales dont elle peut être marquée, etc. Si l'objet a été perdu dans une voiture joindre à la lettre le bulletin que tout voyageur doit avoir la précaution de réclamer au cocher. — Quand l'objet réclamé a été déposé, la Préfecture de police s'empresse d'en informer les intéressés.

Objets trouvés. — Toute personne qui trouve sur la voie publique, dans une voiture ou dans un lieu public, un objet quelconque, doit s'empresser de le déposer, contre reçu, entre les mains d'un commissaire de police. — Si dans le délai d'un an et un jour (six mois pour les lainages, fourrures, etc.) l'objet déposé n'a pas été réclamé par celui qui l'a perdu, il est remis à l'inventeur par les soins de la Préfecture de police. S'adresser au premier bureau de la première division, de 10 heures à 4 heures, pour les *objets trouvés sur la voie publique;* et, aux mêmes heures, au troisième bureau de la deuxième division, pour les *objets trouvés dans les voitures.*

Officiers de paix. — Le recrutement se fait parmi les

secrétaires de commissariat; les candidats sont soumis à un examen médical constatant leur aptitude physique. Ils sont ensuite interrogés sur le droit, la procédure administrative, etc. Il y a un officier de paix par arrondissement. Traitement annuel de 3.000 fr. à 5.000 francs.

Les officiers de paix sont les chefs immédiats des gardiens de la paix; ils sont placés sous les ordres du chef de la police municipale.

Ouvreurs de portières. — Les demandes de permission doivent être adressées au préfet de police, bureau du personnel. Y joindre un certificat de bonnes vie et mœurs, un extrait du casier judiciaire, et, au besoin, des pièces militaires.

Passeports. — Les passeports accordés pour voyager sur le territoire de la République ou pour en sortir, sont délivrés à la Préfecture de police, quatrième bureau de la première division. Ils ne sont valables que pour un an à dater du jour de la délivrance. Se munir au préalable d'un certificat d'identité délivré par le commissaire de police du lieu de la résidence, sur l'attestation de deux témoins patentés. Coût d'un passeport, *pour l'intérieur* : 2 francs ; *pour l'étranger:* 10 francs. — Des passeports sont délivrés gratuitement aux personnes justifiant de leur état d'indigence.

Permis de communiquer avec des détenus. — Sont donnés aux familles des individus détenus dans les prisons de la Seine, par le troisième bureau de la première division ; se présenter muni de pièces justificatives.

Pharmaciens. — Voir : SUBSTANCES VÉNÉNEUSES.

Poids et mesures (*Inspection et vérification des*). — Le service de l'inspection des poids et mesures se fait à domicile ou dans les marchés. Les huit commissaires assistés chacun d'un homme de service pour la manipulation du matériel, se transportent chez tous les marchands de leur circonscription et y vérifient l'état des poids et mesures qui servent à la vente. Les vingt arrondissements sont groupés en huit circonscriptions d'inscription, dont la nomenclature suit :

1er, 2e arrondissements : M. de Peretti, pl. Denfert-Rochereau, 20.

3e, 4e arrondissements : M. Schlosser, r. de Nesle, 2.

5e, 13e; 14e arrondissements: M. Delporte, r. de l'Arbre Sec, 43.

6e, 7e, 15e arrondissements : M. Cuny, r. Lakanal, 2.

8e, 16e, 17e arrondissements M. Hanon, av. des Ternes, 100.

9e, 18e arrondissements : M. Baudy, r. Damrémont, 5.

10e, 19e arrondissements : M. Noblet, r. Perdonnet, 4.

11e, 12e, 20e arrondissements : M. Dufour, av. Quihou, 15, à St-Mandé.

Arrondissements de St-Denis et de Sceaux, communes du ressort de la Préfecture de police : M. Lavallée, 9, grande rue, aux Prés Saint-Gervais;

Ce service est entièrement distinct de celui des *vérificateurs* qui relèvent aussi du préfet de police, mais qui dépendent du ministère du Commerce. Ces derniers tiennent des bureaux où les commerçants et industriels vont périodiquement faire vérifier et poinçonner les poids et mesures, dont ils doivent être munis et dont le nombre et la série sont déterminés par des règlements d'administration publique.

Huit bureaux de vérification sont ouverts de 10 à 4 heures, pour la révision périodique et le poinçonnage à la lettre des instruments de commerce.

1er et 2e arrondissements, premier *bureau*, rue des Petits-Carreaux, 12. — Gilbert, *vérificateur*, *chef de bureau*. — *Vérificateur*, Boscher.

3e et 4e arrondissements, deuxième *bureau*, rue de Turenne, 50. — Geoffroy, *vérificateur*, *chef de bureau*. — *Vérificateur*, Bourges.

5e 13e et 14e arrondissements, troisième *bureau*, rue Lhomond, 7. — Bécart, *vérificateur*, *chef de bureau*. — *Vérificateur adjoint*, Charles.

6° 7° et 15° arrondissements, quatrième *bureau*, rue du Bac, 142. — Lefèvre, *vérificateur*, *chef de bureau*. — *Vérificateur*, Mouginot.

8°, 16° et 17° arrondissements, cinquième *bureau*, rue Montenotte, 23. — Pittfield, *vérificateur*, *chef de bureau*. — Geiger, *vérificateur adjoint*.

9° et 18° arrondissements, sixième *bureau*, rue Milton, 14. — Pierre, *vérificateur*, *chef de bureau*.

10° et 19° arrondissements, septième *bureau*, rue Albouy, 18. — Rulence, *vérificateur*, *chef de bureau*.

11°, 12° et 20° arrondissements, huitième *bureau*, rue de Charonne, 99. — Robin, *vérificateur*, *chef de bureau*. — *Vérificateur*, Debray.

Arrondissements ruraux. St-Denis: Jayet, *vérificateur chef de bureau*, rue Vavin, 50. — Lignac, *vérificateur*.

Tous les ans, le préfet de police détermine par une ordonnance le laps de temps dans lequel les commerçants doivent faire vérifier leurs poids et mesures, chacun dans leurs bureaux respectifs. Les commerçants doivent se conformer à cette ordonnance, dont les dispositions peuvent faire provoquer contre eux la saisie de lsreu poids ou mesures, quand ces instruments ne sont point pourvus du poinçon de garantie de l'année, après l'expiration du terme fixé pour chacun d'eux, conformément à l'article 481 du Code pénal. La rétribution pour la vérification étant perçue sur des rôles, à l'instar des contributions, il n'y a rien à payer au moment de l'opération, si ce n'est pour les marchands ambulants, qui vont acquitter de suite, chez le percepteur, le droit de vérification.   :

Les vérificateurs et les vérificateurs adjoints de bureau d'arrondissement, se transportent dans les ateliers ou maisons de commerce des personnes qui ont droit à ce que la vérification soit faite à domicile, et dans les établissements publics. Les personnes qui ont au moins 20 poids de 20 kilogrammes ou une balance bascule, ont droit à la vérification à domicile, ainsi que les marchands de bois de chauffage ; la demande doit être faite au préfet de police, elle peut l'être sur papier libre. Cette vérification se fait sans augmentation de frais.

Porteurs aux halles. — Tout individu qui veut exercer le métier de porteur aux halles et marchés, doit adresser une demande au préfet de police, — premier bureau, deuxième division, — et produire un certificat de bonnes vie et mœurs délivré par le commissaire de police de son quartier, sur l'attestation de deux témoins patentés ; il doit avoir dix-huit ans accomplis et moins de trente ans.

Porteurs d'eau. — Tous les individus qui veulent exercer la profession de porteur d'eau *à tonneaux*, dans la ville de Paris, sont tenus d'en faire la déclaration par écrit à la Préfecture de police, — deuxième division, troisième bureau. — Cette déclaration indique dans quel endroit le tonneau sera remisé. — Il est délivré au déclarant et pour chaque tonneau *une feuille de roulage* qui doit être visée par le commissaire de police du quartier, ou le maire de la résidence.

Porteurs de charbon, *sur les marchés publics.* — Adresser une demande sur papier timbré, à la Préfecture de police, deuxième division, premier bureau ; y oindre un certificat de bonnes vie et mœurs. Il est délivré à tout porteur autorisé et à ses frais, une permission sur papier timbré et une médaille. Condition essentielle : avoir dix-huit ans accomplis. — L'autorisation d'exercer la profession de porteur de charbon est refusée ou retirée à tout individu qui, directement ou indirectement, se livre à la vente des combustibles.

Prisons de la Seine. — Dépôt de la Préfecture de police, quai de l'Horloge, 3. — Dépôt de condamnés, rue de la Roquette, 168. — Dépôt de Sûreté, à Saint-Denis, rue Compoise, 3. — Maison de Justice (Conciergerie), quai de l'Horloge, 1. — Maison d'arrêt et de correction cellulaire,

boulevard Diderot, 23. — Maison d'arrêt et de correction
de Saint-Lazare, rue du Faubourg Saint-Denis, 107.
— Maison d'éducation correctionnelle, rue de la Roquette, 143. — Maison de correction de Sainte-Pélagie,
rue du Puits-de-l'Hermite, 14. — Maison de la Santé,
rue de la Santé, 42. — Maison de répression de la mendicité (Saint-Denis), rue de Paris, 92.

Les personnes qui désirent visiter la partie historique
de la Conciergerie (cellule de Marie-Antoinette) doivent
en faire la demande au préfet de police. C'est la seule
prison de la Seine où le public soit admis. — Pour
visiter un détenu, voir l'article : PERMIS DE COMMU-
NIQUER AVEC DES DÉTENUS.

Prostitution. — Toutes les questions relatives à la répression et à la surveillance de la prostitution sont
traitées par le deuxième bureau de la première division.

Recherches dans l'intérêt des familles. — Les recherches
des personnes disparues sont faites, *dans l'intérêt des
familles*, par les soins du premier bureau de la première
division. Adresser au préfet de police une demande donnant tous les renseignements pouvant faciliter les recherches ainsi que l'indication des motifs pour lesquels
cette demande est formée. — Les intéressés sont informés
du résultat des opérations. — Il n'est *jamais* donné suite
aux demandes tendant à connaître le domicile d'un débi-
teur disparu. — Lorsqu'il s'agit de mineurs ayant fui le
domicile paternel, l'arrestation peut être opérée en vertu
d'une ordonnance de correction que délivre le président
du tribunal civil — Palais de justice — à la requête du
père, ou, à son défaut, de la mère assistée des deux plus
proches parents de l'enfant. — Ces recherches sont absolument gratuites.

Régates. — Les régates, fêtes et exercices nautiques
donnés, soit par des communes, soit par des sociétés
particulières, ne peuvent avoir lieu, dans le ressort de
la Préfecture de police, sans une autorisation spéciale.

Les demandes doivent être adressées, dix jours au moins à l'avance, à la Préfecture, — deuxième division, premier bureau, — à défaut de quoi il n'y pourrait être donné suite. Ces demandes mentionnent si les organisateurs ont l'intention de faire payer un droit quelconque par le public, ou d'établir une tribune sur la berge. Toutes les mesures de précautions, tant générales que particulières, sont prises sur les indications de l'inspecteur de la navigation chargé de la surveillance des régates ou fêtes nautiques. Il est dressé, par la commune ou la société qui donne des régates, une liste des embarcations qui doivent y figurer, la devise et le numéro de chaque embarcation, ainsi que le nom du propriétaire. Elle est remise, avant le commencement des courses, à l'inspecteur chargé de la surveillance. — Un médecin (non participant aux exercices), assiste aux régates et aux jeux, et une boîte de secours est déposée sur la berge à un endroit désigné par l'administration. Lorsqu'il est nécessaire, un service de police est établi pendant les régates ou fêtes nautiques, aux frais des communes ou des sociétés organisatrices.

Réinhumation. — Voir : EXHUMATIONS.

Repêchages. — A Paris, celui d'une personne rappelée à la vie donne droit à une prime de 25 francs ; celui d'un cadavre ou d'une portion de cadavre donne droit à une prime de 15 francs ; celui d'un cheval vivant, à une prime de 6 fr. ; celui d'un cheval mort, à une prime de 3 francs. Il en est de même des bestiaux, mulets ou ânes. — Ces primes sont payées à la comptabilité de la Préfecture de police, sur un bon délivré par le commissaire de police qui a fait la constatation. — Le repêchage des fœtus ou enfants morts-nés ne donne pas lieu à prime.

Réunions. — Voir : ASSOCIATIONS.

Roulage. — Voici les conditions principales auxquelles la circulation des voitures est soumise : leurs essieux ne peuvent avoir plus de 2ᵐ, 50 de largeur, ni dépasser à leurs extrêmités le moyeu de plus de 6 centimètres. La saillie des moyeux, y compris celle de l'essieu, ne doit pas excéder plus de 12 centimètres, le plan passant par le bord des bandes. Les clous de bandes doivent être rivés à plat et ne peuvent, lorsqu'ils sont posés neufs, former une saillie de plus de 5 millimètres. — Il ne peut être attelé : 1º *aux voitures servant aux transports des marchandises*, plus de cinq chevaux si elles sont à deux roues ; plus de huit si elles sont à quatre roues, sans qu'il puisse y avoir plus de cinq chevaux de file ; — 2º *aux voitures servant au transport des personnes*, plus de trois chevaux si elles sont à deux roues ; plus de six si elles sont à quatre roues. En temps de neige ou de verglas, les prescriptions relatives à la limitation du nombre des chevaux sont suspendues. — Pendant la traversée des ponts suspendus, les chevaux doivent être mis au pas, les voituriers ou rouliers tenant les guides ou cordeaux, et les conducteurs et les postillons restant sur leur siège. — Tout roulier ou conducteur de voitures doit se ranger à sa droite à l'approche de toute voiture, afin de lui laisser libre au moins la moitié de la chaussée. — Lorsque plusieurs voitures marchent à la suite les unes des autres, elles doivent être distribuées en convois de quatre voitures au plus, si elles sont à quatre roues et attelées d'un seul cheval ; et de deux voitures au plus, si l'une d'elle est attelée de plus d'un cheval. L'intervalle d'un convoi à l'autre ne peut être moindre de 50 mètres. — Tout voiturier ou conducteur doit se tenir constamment à portée de ses chevaux ou bêtes de trait, et en position de les guider. — Aucune voiture ne peut circuler pendant la nuit sans être pourvue d'un falot ou d'une lanterne allumée. — Tout propriétaire de voiture ne servant pas au transport des personnes est tenu de faire placer, en avant des roues et du côté gauche de sa voiture, une plaque métallique portant en caractères apparents et lisibles (5 millimètres au moins de hauteur ses nom, prénoms, profession, domicile. Sont exceptés de cette disposition les voitures particulières servant au transport des personnes mais étrangères à un service public de messagerie, les voitures des postes, les chariots et fourgons dépendant des ministères de la Guerre et de la Marine, les voitures employées à la culture des terres.

— Les entrepreneurs des voitures publiques allant à destination fixe doivent déclarer le siège principal de leur établissement, le nombre de leurs voitures, celui des places qu'elles contiennent, le lieu de destination, les jours et heures de départ et d'arrivée. Cette déclaration est faite, dans le département de la Seine, au préfet de police (deuxième division, troisième bureau), et, dans les autres départements, aux préfets ou sous-préfets. Les entrepreneurs doivent se soumettre à toutes les obligations qui leur sont imposées par l'administration, en ce qui touche la construction des voitures, l'exploitation de leur entreprise, le personnel qu'ils emploient.

Sages-femmes. — Sont considérées comme maisons de santé (voir ce mot), les établissements où l'on reçoit à demeure, à titre onéreux, les femmes enceintes, pour y faire leurs couches.

Saltimbanques. — Voir : JOUEURS D'ORGUE.

Sapeurs-Pompiers. — Le montant de la rétribution pour chaque officier, sous-officier, caporal et sapeur-pompier de Paris, de service dans les différents théâtres, bals, concerts et autres établissements publics ou privés de la capitale, est fixé ainsi qu'il suit.

Ces rétributions sont payées chaque jour par les entrepreneurs de bals, concerts, théâtres, etc., sur la remise de quittances préparées à l'avance. La durée d'un service de représentation ou de répétition ne peut excéder six heures ni dépasser minuit et demi sans donner lieu à une double rétribution.

RONDE d'officiers		GRAND'GARDES			REPRÉSENTATIONS.				BALS.			
De bals.	Ordinaires.	Sous-officiers.	Caporaux.	Sapeurs.	Officiers.	Sous-officiers.	Caporaux.	Sapeurs.	Officiers.	Sous-officiers.	Caporaux.	Sapeurs.
fr. 2,80	fr. 1,50	fr. 1,00	fr. 3,70	fr. 3,50	fr. 4,00	fr. 2,50	fr. 1,90	fr. 1,25	fr. 8,00	fr. 5,00	fr. 3,75	fr. 2,50

Sauvetage des bateaux en Seine. — La Préfecture de police a organisé un service de sauvetage des bateaux en péril sur la Seine dans la traversée de Paris. — Des pompes d'épuisement ont été placées : au pont de la Tournelle, quai de la Gare, près du pont de Tolbiac et près de l'écluse de la Monnaie. Les clefs de ces abris sont déposées dans le poste d'octroi de la Tournelle, dans celui du port de la Gare et dans le bureau de la Monnaie. 1° Lorsqu'un bateau sera en péril près du pont de la Tournelle, s'adresser à la vigie du bureau de l'octroi, qui appellera les sapeurs-pompiers de la rue de Poissy; 2° si un bateau est en péril aux abords du pont de Tolbiac, on préviendra la vigie de l'octroi du port de la Gare, près du pont, en face le n° 67 du quai de la Gare. La vigie télégraphiera aux sapeurs-pompiers du poste du quai de la Gare et à la caserne du boulevard de Reuilly ; 3° lorsqu'un bateau sera en péril près de l'écluse de la Monnaie, on devra aviser le gardien de l'écluse, qui appellera les sapeurs-pompiers du poste de la rue Bonaparte, 16, et ceux de la rue du Vieux-Colombier.

Secours médicaux de nuit. — Les médecins et sages-femmes disposés à se rendre aux réquisitions qui leur seraient adressées la nuit, le déclarent à la Préfecture de

police, — deuxième division, quatrième bureau. — Leurs
noms et leurs adresses sont inscrits sur un tableau
affiché dans le poste de police de leur quartier. Toute
personne qui a besoin d'un médecin pendant la nuit,
peut donc se rendre au poste de police le plus voisin de
son domicile et y choisir sur la liste qui lui est présentée,
le praticien dont elle désire réclamer les soins. Un gardien de la paix détaché du poste se rend avec le requérant au domicile du médecin, et, la visite faite, le re-
conduit chez lui. Un bon d'honoraires de 10 francs
payable à présentation à la caisse de la Préfecture
de police, est remis au médecin. Suivant la fortune du
malade, qui fait en temps convenable l'objet d'une enquête sommaire, l'administration lui réclame le rem-
boursement du prix de la visite, ou le prend à sa charge.

Secours publics. — Des boîtes de secours pour les
noyés et asphyxiés sont placées sur tout le trajet de la
Seine, de Bercy à Passy, dans les communes riveraines
de rivières et de canaux dans le ressort de la Préfecture
de police, et dans les cimetières de Paris. Des boîtes à
pansement pour blessures et accidents sur la voie publique, ainsi que des brancards sont placés dans les
postes et sur les points les plus populeux de Paris. Sur
les berges de la Seine et des canaux, se trouvent également de distance en distance des bouées en liège re-
couvert de toile goudronnée; des gaffes, des lignes de
sauvetage, etc.

Secrétaires des commissariats de police. — Ces employés parmi lesquels sont recrutés les officiers de paix
et les commissaires de police du ressort de la Préfecture
de police sont répartis en trois classes, aux traitements
respectifs de 2.400, 3.000 et 3.600 francs par an. — On ne
peut être nommé à un poste de cette nature qu'après un
stage de huit à dix mois comme secrétaire suppléant à
Paris, au traitement de 1.800 francs et un séjour d'environ une année dans l'un des commissariats de police

des communes du département de la Seine. — Les candidats à ces fonctions doivent remplir les conditions imposées aux candidats aux fonctions d'employés des bureaux de la Préfecture de police. Le programme de l'examen à subir est distribué au bureau du personnel.

Services de police. — Voir : GARDE RÉPUBLICAINE ET SAPEURS-POMPIERS.

Sevreuses ou gardeuses. — Toute personne qui veut se procurer un nourrisson ou un ou plusieurs enfants en sevrage ou en garde, est tenue de se munir préalablement des certificats exigés par les règlements pour indiquer son état-civil et justifier de son aptitude à nourrir ou à recevoir des enfants en sevrage ou en garde. Toute personne qui voudra établir dans le ressort de la Préfecture de police, une maison dite garderie ou de sevrage pour un ou plusieurs enfants âgés de plus de deux ans. devra : 1° justifier de sa moralité; 2° indiquer le nombre d'enfants qu'elle se propose de recevoir; 3° déclarer si elle entend diriger seule sa maison ou attacher quelqu'un à son service. Dans ce dernier cas, elle devra indiquer le nombre des personnes qu'elle aura l'intention d'employer. Le nombre d'enfants qu'on pourra admettre dans chaque établissement sera fixé par la Préfecture, sur l'avis du commissaire de police du quartier ou de la circonscription et de l'inspecteur des maisons de santé, auxquels sera confiée la surveillance dudit établissement. Le nombre ainsi fixé sera mentionné dans l'arrêté d'autorisation. Toute personne autorisée à tenir une maison dite garderie ou de sevrage devra, lorsqu'elle recevra un enfant, se faire remettre l'acte ou le bulletin de naissance de ce dernier. Elle devra tenir un registre, qui contiendra les nom, prénoms, âge et lieu de naissance de chaque enfant; les noms, professions et demeure de son père et de sa mère et, à défaut, ceux des parents connus ou des fondés de pouvoir chargés de payer la pension. Il sera fait mention sur ce registre de la date de l'entrée de l'enfant, de sa sortie ou de son décès.

Toutes les questions relatives aux maisons de sevrage et de garde sont traitées par le cinquième bureau de la première division.

Sociétés. — Voir : ASSOCIATIONS.

Substances vénéneuses. — Les personnes qui veulent faire, dans le ressort de la Préfecture, le commerce des substances vénéneuses, ou les manufacturiers qui emploient ces substances, doivent en faire la déclaration à la Préfecture de police, deuxième division, quatrième bureau.

Théâtres. — Tout individu peut faire construire et exploiter un théâtre, à la charge de faire une déclaration à la direction des Beaux-Arts, et à la Préfecture de police, pour Paris. Les entrepreneurs doivent se conformer aux ordonnances, décrets et règlements pour tout ce qui concerne l'ordre, la sécurité et la salubrité. Ils doivent joindre à l'appui de leur demande les plans détaillés, avec coupes, et l'indication du nombre des places calculé par personne à raison de $0^m,80$ de profondeur, sur $0^m,45$ de largeur, pour les places en location, et de $0^m,70$ sur $0^m,45$ pour les autres places. Les travaux ne peuvent être commencés que sur l'avis formel du préfet, après examen du projet fait par le deuxième bureau du cabinet.

Transport des corps. — Le transport du corps d'une personne décédée ne peut être effectué hors du ressort de la Préfecture de police que dans un cercueil en bois de chêne de $0^m,027$ d'épaisseur, avec frètes en fer de $0^m,03$ de largeur, sur $0^m,004$ d'épaisseur. Quand la distance à parcourir excède 200 kilomètres, le corps doit être placé dans un cercueil en plomb, renfermé lui-même dans une bière de chêne. Le cercueil de plomb peut être exigé, même pour des distances moindres, toutes les fois que des circonstances exceptionnelles rendront cette mesure nécessaire. Le fonds du cercueil contenant le cadavre doit être rempli par une couche de 0^m,06 dé mixture absorbante et désinfectante.

Travaux sur la voie publique. — Voir : FOUILLES ET TRANCHÉES.

Vélocipèdes. — Doivent être pourvus, pendant le jour, de grelots suffisamment sonores pour annoncer d'assez loin leur approche. Dès la chute du jour, ils doivent être éclairés au moyen d'un falot ou d'une lanterne, à l'instar des voitures.

Vétérinaires attachés à la Préfecture de police. — Le service sanitaire vétérinaire a, dans ses attributions : 1° le service des marchés aux chevaux; 2° celui de la fourrière; 3° la visite annuelle des attelages, des voitures de place et de remise; 4° l'inspection journalière des chevaux et voitures sur la voie publique; 5° l'inspection à domicile des chevaux d'entrepreneurs de transport de tous genres; 6° la visite des chevaux devant être rendus dans les établissements spéciaux, tels que le Tattersall, etc., et par les commissaires-priseurs; 7° les visites chez les propriétaires, détenteurs ou gardiens d'animaux ou bestiaux soupçonnés d'être atteints de maladies contagieuses; 8° enfin l'envoi en fourrière et la constatation de l'état sanitaire des chevaux ou bestiaux soumis à un traitement. — Les nominations sont faites au concours. — Les candidats doivent avoir trente ans au moins, cinquante au plus. — Appointements : 5.000 francs par an.

Voitures-annonces. — Voir : AFFICHES.

Voitures. — Voir : ROULAGE.

EMPLATRE

DE PAUVRE HOMME BÉRAL

Le topique le plus recommandé pour la guérison des maladies occasionnées par le froid ou par l'humidité, telles que *fraicheurs, rhumatismes, coups de froid, lombago, chaud et froid, points*, est l'emplâtre de Pauvre homme Béral.

Le goudron de Norvège qui forme la base de sa composition lui communique ses propriétés balsamiques. La peau s'en imprègne et l'absorbe activement.

Dans toutes les affections des bronches et des poumons, rhumes, bronchites, irritations, fluxions de poitrine, son application sur la poitrine et dans le dos, donne des résultats excellents. Il concentre la chaleur et détourne le mal par révulsion à la peau.

C'est un topique des plus précieux dans la médecine des enfants.

L'instruction qui l'accompagne indique le mode d'emploi.

Nota : il ne faut pas demander simplement l'emplâtre de pauvre homme, car il existe de nombreuses imitations ; pour être certain de la vraie provenance du produit, il faut s'assurer que le rouleau porte la signature de BÉRAL.

Contre Rhumes, Grippes, Coqueluches, Catarrhes, Laryngites, Enrouements;

Faire usage de la *Pâte Pectorale balsamique de Regnauld*. Cette excellente recette, qui compte 65 années de succès, ne contient ni opium, ni morphine, ni codéine, ni aucun de ces narcotiques perfides qui procurent souvent un calme plus dangereux que la toux ; car, ils engourdissent ou paralysent les bronches et empêchent l'expectoration.

Attestations : « La pâte Regnauld convient parfaitement « dans les rhumes et les catarrhes pulmonaires. Elle ne sau- « rait être malfaisante, même prise à dose élevée. »

Signé : PARISET

Secrétaire perpétuel de l'Académie de médecine.

Prix : 1 fr 50 la boîte ; 0 fr 75 la demi-boîte.